Gabriele Berkenbusch, Jens Weyhe und Elisa Wiesbaum

Zwischen Hochschule und Arbeitsmarkt

Die Absolventenstudie der Fakultät Angewandte Sprachen und Interkulturelle Kommunikation der Westsächsischen Hochschule Zwickau

unter Mitarbeit von Dana Brenner

KULTUR – KOMMUNIKATION – KOOPERATION

herausgegeben von Gabriele Berkenbusch und Katharina von Helmolt

ISSN 1869-5884

4 *Katharina Bertz*
Akkulturationsmodelle in der aktuellen Forschung
Metaanalyse neuester wissenschaftlicher Studien über Akkulturation
ISBN 978-3-8382-0126-9

5 *Sabine Emde*
Immigration und Schwierigkeiten im deutschen Alltag
Eine chinesische Migrantin in Deutschland
ISBN 978-3-8382-0101-6

6 *Andrea Richter*
Auslandsaufenthalte während des Studiums - Stationen, Bewältigungsstrategien und Auswirkungen
Eine qualitative Studie
ISBN 978-3-8382-0108-5

7 *Jessica Bielinski*
Bikulturelle Partnerschaften in Deutschland
Eine Studie über Diskriminierungen, Konflikte und Alltagserfahrungen
ISBN 978-3-8382-0299-0

8 *Gabriele Berkenbusch, Katharina von Helmolt, Vasco da Silva (Hg.)*
Migration und Mobilität aus der Perspektive von Frauen
ISBN 978-3-8382-0156-6

9 *Ann-Kathrin Hörl*
Interkulturelles Lernen von Schülern
Einfluss internationaler Schüler- und Jugendaustauschprogramme auf die persönliche Entwicklung und die Herausbildung interkultureller Kompetenz
ISBN 978-3-8382-0361-4

10 *Gwendolin Lauterbach*
Hierarchie in internationalen Hochschulkooperationen
Eine Studie zu deutsch-kirgisischer Projektarbeit
ISBN 978-3-8382-0392-8

11 *Gabriele Berkenbusch, Elisa Wiesbaum, Jens Weyhe*
Zwischen Hochschule und Arbeitsmarkt
Die Absolventenstudie der Fakultät Angewandte Sprachen und Interkulturelle Kommunikation der Westsächsischen Hochschule Zwickau
ISBN 978-3-8382-0351-5

Gabriele Berkenbusch, Jens Weyhe und Elisa Wiesbaum

ZWISCHEN HOCHSCHULE UND ARBEITSMARKT

Die Absolventenstudie der Fakultät Angewandte Sprachen und Interkulturelle Kommunikation der Westsächsischen Hochschule Zwickau

unter Mitarbeit von Dana Brenner

ibidem-Verlag
Stuttgart

Bibliografische Information der Deutschen Nationalbibliothek
Die Deutsche Nationalbibliothek verzeichnet diese Publikation in der Deutschen Nationalbibliografie; detaillierte bibliografische Daten sind im Internet über http://dnb.d-nb.de abrufbar.

Bibliographic information published by the Deutsche Nationalbibliothek
Die Deutsche Nationalbibliothek lists this publication in the Deutsche Nationalbibliografie; detailed bibliographic data are available in the Internet at http://dnb.d-nb.de.

∞

Gedruckt auf alterungsbeständigem, säurefreien Papier
Printed on acid-free paper

ISSN: 1869-5884

ISBN-13: 978-3-8382-0351-5

Printed in Germany

Vorwort der Herausgeberin

Ziel dieser Studie war es, den beruflichen Verbleib der AbsolventInnen der *Fakultät Angewandte Sprachen und Interkulturelle Kommunikation* (SPR)[1] zu ergründen und zu dokumentieren. Warum ist das für eine Fakultät von Interesse?
Zunächst einmal gibt es an einer kleinen und sehr familiären Fakultät ein ganz allgemein menschliches Interesse daran, was aus den Studierenden wird, die man selbst ausgebildet hat, und daran, wie sie ihr Leben „meistern". Das besondere Interesse richtet sich natürlich darauf, in welcher Weise das von uns angebotene Studium denen, die es erfolgreich durchlaufen haben, auch berufliche Perspektiven eröffnet hat. Was wir natürlich auch wissen wollten, war, ob und in welcher Weise unsere internationale Ausrichtung, die mit viel Aufwand etablierten Partnerschaften mit ausländischen Universitäten, das Auslandspraktikum, die erworbenen Fremdsprachen und die Lehre im Bereich der Interkulturellen Kommunikation für unsere AbsolventInnen bei der Arbeitssuche nützlich waren. Die untersuchten Diplomstudiengänge liefen 2006 aus und wurden ab dem Wintersemester 2007 durch einen Bachelor-Studiengang mit dem Namen *Languages and Business Administration* ersetzt, welcher einen chinesischsprachigen, einen frankophonen und einen hispanophonen Schwerpunkt hat (vgl. http://www.fh-zwickau.de/index.php?id=703).

Die vorliegende Schrift ist das Ergebnis zweier Einzelstudien, die sich mit dem gleichen Thema befassten, und deren AutorInnen dabei auch miteinander kooperierten. Die Fragen wurden mit mir gemeinsam entwickelt und das Vorgehen miteinander beraten. Die technische Installation eines Fragebogens auf einer Internetseite oblag Jens Weyhe. Elisa Wiesbaum, die ihre Arbeit zuerst fertigstellte, und damit auch die Struktur und die Inhalte für das gesamte Projekt vorgab, oblag die Auswertung der Ergebnisse der Jahrgänge, die ihr Studium in den Jahren 2004 und 2005 aufgenommen hatten. Jens Weyhe unternahm im Anschluss daran die Auswertung der Jahrgänge, die ihr Studium von 2000 bis 2003 begonnen hatten. Es ist bei der von mir gewählten Zusammenführung beider Arbeiten nun nicht immer möglich, für jedes Kapitel die Urheberin oder den Urheber zu benennen, da ich die wichtigsten Aspekte bei-

[1] Die Fakultät trägt ihren neuen Namen seit 2012, sie hieß vorher Fakultät Sprachen und behielt deshalb ihr altes Kürzel SPR.

der Arbeiten teilweise innerhalb der Kapitel vereint habe. Ich habe mir außerdem erlaubt den Text zu redigieren, zu kürzen, Überleitungen einzufügen und Korrekturen anzubringen. Festzuhalten bleibt aber, dass sowohl der Titel als auch die Struktur der Studie von Elisa Wiesbaum (Wiesbaum 2011) stammen, die auf mein Anraten hin von Jens Weyhe (Weyhe 2012) übernommen wurden. Fast alle Kapitel wurden von mir überarbeitet oder ergänzt, weshalb ich mich als Koautorin betrachte.

Beiden AbsolventInnen bin ich sehr verbunden, dass sie sich eines Anliegens der *Fakultät SPR* angenommen und diese Studie durchgeführt haben. Ich bin sehr froh darüber, dass ich sie heute in die Reihe Kultur-Kommunikation-Kooperation aufnehmen kann. Mein Dank geht wie immer an Frau Valerie Lange vom ibidem-Verlag für die freundliche, unkomplizierte und sehr rasche Zusammenarbeit.

Ich hoffe sehr, dass diese Studie auf das Interesse von Studieninteressenten sowie von aktuell bei uns Studierenden stößt und dass auch andere Zielgruppen diese Ergebnisse zur Kenntnis nehmen werden.

Für ausgezeichnete Zuarbeiten, insbesondere die allzeit zuverlässige und zügige technische Modifizierung der vorliegenden Dokumente für diese Publikation, besonders auch für die Hilfe bei der Formatierung und für ihr wachsames Auge auf mögliche Fehlerquellen danke ich Dana Brenner ganz herzlich.

Gabriele Berkenbusch
Zwickau, im Mai 2012

Inhaltsverzeichnis

Abbildungsverzeichnis

Ein einleitender Überblick über die Studie

Zwischen Hochschule und Arbeitsmarkt. Eine empirische Untersuchung über die retrospektive Bewertung der Studienqualität und den weiteren Berufs- und Bildungsverlauf von Absolventen international ausgerichteter Studiengänge

Dies ist der Titel einer Studie, die Im Wintersemester 2010/2011 an der Fakultät Angewandte Sprachen und Interkulturelle Kommunikation (nachfolgend SPR) als Thema an Elisa Wiesbaum und Jens Weyhe vergeben wurde. Die Frage, was aus unseren Absolventen geworden ist, ist einerseits für die Fakultät von großem Interesse und ist andererseits ein Thema, mit dem sich derzeit viele Hochschulen befassen und der auch die Bildungsministerien große Bedeutung zumessen. Die hier vorgestellte Studie wurde in Anlehnung an die große Sächsische Absolventenstudie entwickelt, aber spezifischer auf die Belange unserer Fakultät ausgerichtet. Es galt dabei folgendes herauszufinden:

Wie bewerten ehemalige Studierende der Diplomstudiengänge Wirtschaftsfrankoromanistik, Wirtschaftshispanistik und Wirtschaftssinologie rückblickend die Qualität des von ihnen absolvierten Studiums? Würden Sie das Studium weiterempfehlen oder ggfs. erneut an der Fakultät Sprachen studieren? Die Untersuchung widmet sich in ihrem Hauptteil der Beantwortung konkreter Fragestellungen zur Studienqualität an der Fakultät SPR und auch der Fakultät Wirtschaftswissenschaften (WIW). Studiert wurde ja an beiden Fakultäten etwa im Verhältnis 60% SPR zu 40% WIW).

Des Weiteren interessiert sich die Fakultät SPR besonders für den beruflichen Werdegang der ehemaligen Studierenden. Wie gestaltete sich ihr weiterer Weg nach dem Studienabschluss? Haben sie zügig Beschäftigung gefunden? Sind Sie in Sachsen geblieben? In welchem Typ von Unternehmen arbeiten sie mit welchen Schwerpunkten? Fühlen sie sich ihrer Ausbildung entsprechend adäquat beschäftigt?

Zu diesem Zweck wurden 299 Absolventen aus den Jahrgängen 2000 bis einschließlich 2005 mithilfe eines schriftlichen Online-Fragebogens erfolgreich kontaktiert. Die aktive Beteiligung der Alumni lag bei 62%, ein für Befragungen dieser Art ausgesprochen hoher Nettorücklauf. Die zuerst abgeschlossene Studie von Elisa Wiesbaum widmete sich der Betrachtung der Jahrgänge 2004 und 2005, Jens Weyhe, nahm sich der Auswertung der Resultate der Jahrgänge 2000 bis 2003 gesondert an.

Beide Arbeiten werden im Folgenden zusammenfassend dargestellt und sind gemeinsam Gegenstand des vorliegenden Bandes.

Fazit Studium

Die Mehrheit der Absolventen aller befragten Jahrgänge hatte die allgemeine Hochschulreife, entschied sich wegen des Praxisbezugs der Ausbildung und der fachlichen Spezialisierungsmöglichkeiten für das Studium, belegte den Studienschwerpunkt Internationales Marketing, sieht größeren Nutzen im Auslandspraktikum als im Auslandsstudium, absolvierte im Verlauf des Studiums ein weiteres freiwilliges Praktikum, um berufspraktische Erfahrungen zu sammeln, sich beruflich weiterzuqualifizieren und den Lebenslauf aufzuwerten, verfasste die Diplomarbeit außerhalb der Hochschule in einem Unternehmen oder einer Institution, überschritt die Regelstudienzeit um ein bis zwei Semester, erlangte das Gesamtprädikat ‚gut' oder ‚sehr gut', finanzierte das Studium mithilfe von familiärer Unterstützung, Leistungen nach dem BAföG oder einer Erwerbstätigkeit außerhalb der Hochschule, bewertet den Nutzen des Auslandsaufenthalts für ihre bisherige Berufstätigkeit von den verschiedenen Elementen des Studienprogramms am höchsten, würde noch einmal Wirtschaftsfrankoromanistik, Wirtschaftshispanistik oder Wirtschaftssinologie an der Fakultät SPR der Westsächsischen Hochschule Zwickau studieren.

Als besondere Stärken des Studienangebots wurden hervorgehoben: die spezifische Kombination der Studieninhalte: Fremdsprachen, Interkulturelle Kommunikation und Wirtschaftswissenschaften, der integrierte Auslandsaufenthalt (Studium u. Praktikum im Land der Zielsprache), die intensiven Betreuungsmöglichkeiten durch die Lehrenden aufgrund der überschaubaren Studiengruppen (max. 30 Studierende pro Gruppe). Als Schwächen wurden nur einige wenige Aspekte an beiden Fakultäten angegeben, an denen studiert wurde, die mit Unterrichtsausfällen, veralteten Lehrmethoden zusammenhingen. Diese Defizite sind aber durch Personalwechsel weitgehend behoben worden. Weiterhin wurde eine bessere Kooperation der beiden Fakultäten SPR und Wirtschaftswissenschaften gewünscht. Auch hier sind sehr gute Fortschritte zu verzeichnen. Auch die kritisierte geringe Auswahl wirtschaftswissenschaftlicher Spezialisierungsmöglichkeiten (es gab damals vorwiegend Marketing und Logistik als Optionen), wurde inzwischen längst behoben. Es hat eine deutliche Erweiterung des Angebots gegeben. Weiterhin wurde die teilweise oberflächliche Behandlung wirtschaftswissenschaftlicher Inhalte, bemängelt. Dazu ist zu sagen, dass eine gewisse Breite eines Angebots immer auch auf Kosten der Tiefe geht. Dies ist eine Gratwanderung, die nicht studiengangsspezifisch ist, sondern in jedem Studiengang immer wieder neu ausgelotet werden muss.

Fazit Berufsverlauf

Erwerbstätigkeit und Stellensuche: Eine überwältigende Mehrheit schaffte den Berufseinstieg nach 3-6 Monaten, nach 12 Monaten waren nur noch bis zu 5% der Absolventen arbeitssuchend. Die Absolventen suchten durchschnittlich drei bis vier Monate nach einer Beschäftigung. Bei den Wirtschaftssinologen einiger Jahrgänge zog sich die Suche trotz einer deutlich höheren Anzahl an versendeten Bewerbungen etwas länger hin. Die Mehrheit der Befragten (78%) schätzt, dass ihnen das internationale Profil ihres Studiengangs auf dem Arbeitsmarkt Vorteile verschafft hat.

Gegenwärtige Tätigkeiten: Die meisten Ehemaligen der Fakultät Sprachen arbeiten Vollzeit als (wissenschaftlich) qualifizierte Angestellte ohne Leitungsaufgaben. Sie sind in Unternehmen jeder Größe vertreten, hauptsächlich aus den Wirtschaftszweigen Dienstleistungen sowie verarbeitendes Gewerbe / Industrie / Bau. Ihre vielfältigen Aufgaben orientieren sich dabei in erster Linie an den Studienschwerpunkten Internationales Marketing und Logistik. Zwischen 80% und 90% der Absolventen sind in einem internationalen Umfeld beschäftigt bzw. in internationale Geschäftsbeziehungen involviert.

Ort der Beschäftigung und Einkommen: Zu den beliebtesten Erwerbsregionen zählen bei den Jahrgängen 2004 und 2005 mit großem Vorsprung Sachsen (ca.70%), Bayern, Baden-Württemberg und Niedersachsen. Auch von den Jahrgängen 2000-2003 blieben ca. 30% in Sachsen. Neben Sachsen fiel die Wahl am häufigsten auf Bayern, Thüringen und Baden-Württemberg. Etwa 20% der Absolventen wanderten ins europäische Ausland ab, einige wenige auch nach China und in die USA. Die monatliche Einkommensspanne liegt zwischen 2 000 € und 3 199 € brutto. Die befragten Teilnehmer bewerteten ihre aktuelle bzw. letzte Stelle als positiv und demzufolge als ihrer Hochschulqualifikation angemessen, was auch mit dem Terminus Beschäftigungsadäquanz bezeichnet wird.

Gesamtbewertung

Insgesamt bleibt festzuhalten, dass sich die Antworten der Alumni in beiden Themenkomplexen in Bezug auf die drei unterschiedlichen Studienrichtungen bis auf wenige Ausnahmen kaum voneinander unterscheiden. Für Arbeitgeber und Alumni scheint das internationale Profil des Studiengangs im Vordergrund zu stehen.

Drei Viertel der Befragten wünschen sich Absolvententreffen, um mit den Lehrenden und den Mitarbeitern der Fakultät Sprachen in Kontakt zu bleiben. Eine fachliche Kooperation mit der Westsächsischen Hochschule Zwickau befürworten 60% der Ehemaligen beider Jahrgänge.

Auf die gewonnen Ergebnisse darf die Fakultät mit Stolz und Freude blicken, denn es hat sich gezeigt, dass das kombinierte Profil aus Fremdsprachen, Wirtschaftswissenschaften und integriertem Auslandsaufenthalt insbesondere hinsichtlich seiner Anwendbarkeit auf die berufliche Praxis optimal ist. Die Studierenden fanden in relativ kurzer Zeit adäquate Beschäftigung. Die Studierenden bewerten die Lehre aber nicht nur in der Retrospektive oder gar in nostalgischer Weise positiv, sondern sie wünschen sich auch in Zukunft den Kontakt zu den Lehrenden der Fakultät Sprachen. Besonders hervorzuheben ist hier auch der Wunsch nach künftiger Kooperation in gemeinsamen Projekten. Diesem Wunsch wird die Fakultät gerne nachkommen und zunächst damit beginnen, ein fakultätseigenes Alumni-Treffen zu organisieren. Auch Nachfolgestudien über den Verbleib der neuen Bachelorgenerationen sollen ins Auge gefasst werden.

Im Anhang stehen die wichtigsten Ergebnisse der Umfrage in Form von Tabellen für den interessierten Leser zur Verfügung.

1. Einleitung und Zielsetzung der Arbeit

Die vorliegende Arbeit befasst sich mit dem Übergang der Absolventen[2] international ausgerichteter Studiengänge von der Hochschule in den Arbeitsmarkt. Im Mittelpunkt der Untersuchung stehen dabei sowohl die retrospektive Bewertung der Studienqualität als auch der berufliche Werdegang der ehemaligen Studierenden. Schriftlich befragt wurden dazu im Dezember 2010 Diplom-Wirtschaftsfrankoromanisten (FH), Diplom-Wirtschaftshispanisten (FH) sowie Diplom-Wirtschaftssinologen (FH), welche ihr Studium in den Jahren 2000 bis einschließlich 2005 an der Fakultät SPR der Westsächsischen Hochschule Zwickau (WHZ) begonnen und ihren akademischen Grad dementsprechend im Zeitraum 2004 bis Ende 2010 erworben haben.
Die drei genannten Studiengänge waren zwar bei der Fakultät SPR angesiedelt, zum besseren Verständnis sei aber darauf verwiesen, dass es sich um interdisziplinäre Studiengänge handelte und das Studium deshalb gleichzeitig an zwei Fakultäten absolviert wurde, neben der Fakultät SPR auch an der Fakultät Wirtschaftswissenschaften (WIW). Deshalb bezieht die rückwirkende Evaluation auch die Lehre an beiden Fakultäten ein.

1.1 Ausgangssituation und Problemstellung

Bis zur Durchführung dieser Studie war den Mitarbeitern der Fakultät SPR über den Verbleib ihrer ehemaligen Studierenden wenig bekannt. Im Dekanat wurde eine elektronische Datei gepflegt, welche dank freiwilliger Rückmeldungen der Absolventen Auskunft über deren Übernahme in Arbeitsverhältnisse gab. Es lagen demnach bereits Informationen über Firma, Adresse, Bezeichnung der Einstiegsposition und Beginn der Berufstätigkeit vor. Da jedoch nicht alle Studierenden mit dem Tag der Verteidigung ihrer Abschlussarbeit wissen, wie sich ihr weiterer beruflicher Weg gestalten wird, war diese Liste lückenhaft. Es erfolgte aus Gründen dieser Unvollstän-

---

2 Aus Gründen der besseren Lesbarkeit wird auf die gleichzeitige Verwendung männlicher und weiblicher Sprachformen verzichtet. Sämtliche Personenbezeichnungen gelten gleichwohl für beiderlei Geschlecht.

digkeit und auch wegen Bedenken in Zusammenhang mit dem Datenschutz keine systematische Auswertung der Daten.

Für die Fakultät ist ein umfassender Überblick, wie sich die Absolventen nach ihrem Studienabschluss beruflich entwickelt haben, sowohl in der Wirkung nach außen als auch nach innen von großer Bedeutung: Extern können die gewonnenen Fakten beispielsweise in der Werbung für das Studienangebot Anwendung finden. Den Fragen von engagierten Eltern, die sich um die beruflichen Perspektiven ihrer Kinder sorgen, und Studieninteressierten können nach Abschluss der Untersuchung fundierte Antworten über den Verbleib der Absolventen auf dem Arbeitsmarkt gegenübergestellt werden. Außerdem nutzen die Angaben der Rechenschaftslegung über die sinnvolle Verwendung öffentlicher Finanzierung (vgl. Weder, Vorwort zu Kaufmann 2009, 4). Innerhalb der Hochschule dienen konkrete Informationen zu den Berufsperspektiven der Alumni einer Steigerung der Akzeptanz und Anerkennung der Fakultät sowie als Beleg der Effizienz ihres Studienangebots (vgl. Kolte/Scholz o.J., Vorwort). Auch für die Studierenden des im Rahmen des Bologna-Prozesses3 entstandenen Bachelorstudiengangs *Languages and Business Administration* mit dem Schwerpunkt frankophoner, hispanophoner oder chinesischer Sprach- und Kulturraum an der Fakultät ist es wissenswert, in welchen Branchen und Regionen Absolventen der Vorläuferstudiengänge einen Arbeitsplatz gefunden haben.

Einen weiteren wichtigen Untersuchungsgegenstand der vorliegenden Studie bildet die retrospektive Bewertung der Studienqualität durch die ehemaligen Studierenden. Diese ist in erster Linie als Rückmeldung für die Lehrenden der Fakultät und somit zur Qualitätssicherung der akademischen Ausbildung zu verstehen. Aus den Daten können außerdem Informationen darüber gewonnen werden, welche Kompetenzen der Absolventen, die sie während des Studiums im In- und Ausland erworben haben, sich als besonders nützlich in Zusammenhang mit dem Berufseinstieg herausstellten.

Die gemeinsame Behandlung beider Themenkomplexe im Rahmen der Bildungsberichterstattung soll der WHZ im Allgemeinen und ihrer Fakultät SPR im Besonderen „wichtige Hinweise für zukünftiges hochschulpolitisches Handeln und zur Qualitäts-

[3] Der Bologna-Prozess bezeichnet das im Jahr 1999 gestartete politische Vorhaben, bis zum Jahre 2010 einen einheitlichen europäischen Hochschulraum zu schaffen. In dessen Rahmen wurde die Einführung eines konsekutiven, zweistufigen Abschlusssystems beschlossen. Die akademischen Grade heißen fortan ‚Bachelor' und ‚Master'. Der Bologna-Prozess gilt in Deutschland als die größte Hochschulreform seit Jahrzehnten.

entwicklung der Service- und Beratungsangebote rund um das Studium" (Schavan/Dobischat, Vorwort zu Isserstedt et al. 2007, III) geben. Nach Abschluss der empirischen Untersuchung in Form einer Absolventenstudie liegt der Fakultät mit dem Fragebogen ein Instrument vor, mit dessen Hilfe in regelmäßigen Abständen Informationen zur Studienqualität und zum Berufserfolg von Absolventen der Diplom- und Bachelorstudiengänge erhoben werden können (vgl. Küpper, Vorwort zu Falk/Reimer/Sarcletti 2009, 1).

1.2 Forschungsfragen

Die empirische Untersuchung zielt auf die Beantwortung konkreter Forschungsfragen ab, welche in zwei Kategorien unterteilt werden: in Fragestellungen zur retrospektiven Bewertung der Studienqualität an der Fakultät SPR zum einen und in Fragestellungen zum beruflichen Werdegang der Absolventen zum anderen. Die zugrunde liegenden Forschungsgegenstände konzentrieren sich demnach in erster Linie auf den praktischen Teil in Form der realisierten Absolventenbefragung.

1.2.1 Fragestellungen zur Studienqualität an der Fakultät SPR

Wie beurteilen die Absolventen der Fakultät verschiedene Aspekte ihres Studiums retrospektiv, beispielsweise dessen Inhalte oder den beruflichen Nutzen angeeigneter Kenntnisse?

Wie denken die ehemaligen Studierenden rückblickend über das internationale Profil ihres Studiengangs? Haben der integrierte Auslandsaufenthalt, das Pflichtpraktikum und das Erlernen und Festigen von drei Fremdsprachen ihnen gegenüber Mitbewerbern auf dem Arbeitsmarkt Vorteile verschafft? Arbeiten sie in einem internationalen Umfeld?

Welche Fähigkeiten und Kenntnisse aus ihrer akademischen Ausbildung können die Absolventen im Berufsalltag tatsächlich anwenden?

Würden sie dasselbe Studienfach bzw. an derselben Hochschule noch einmal studieren?

1.2.2 Fragestellungen zum beruflichen Werdegang der Absolventen

In welchen Branchen arbeiten die ehemaligen Studierenden? Welche Größe haben die Betriebe, in denen sie tätig sind?
Sind sie in der privaten Wirtschaft oder im öffentlichen Dienst angestellt? Arbeiten sie auf selbstständiger Basis?
Welche beruflichen Positionen haben sie erreicht?
Ergeben sich beim Berufseinstieg Unterschiede zwischen den Absolventen der drei verschiedenen Studiengänge, z.B. in Bezug auf Betriebsgröße oder Verdienst?
Haben die ehemaligen Studierenden ihre aktuelle bzw. letzte berufliche Tätigkeit in den alten oder neuen Bundesländern aufgenommen oder sind sie ins Ausland gegangen?

1.3 Vorgehensweise und Aufbau

Im ersten Teil dieses Bandes richtet sich der Blick auf Absolventenstudien als Instrument zur Hochschulentwicklung und zur Qualitätssicherung der Lehre. Es wird darin aufgezeigt, welchen Beitrag Absolventenbefragungen in der Hochschulforschung und Evaluation von anwendungsorientierten Studienprofilen leisten können, aber auch wo die Grenzen und Kritikpunkte solcher Untersuchungen liegen. Ziel ist es in diesem Abschnitt, bereits vorhandene Forschungserkenntnisse zu identifizieren und in einem thematischen Überblick darzustellen.

Während sich Elisa Wiesbaum zunächst mit Absolventenbefragungen im Allgemeinen auseinandersetzt, beschäftigt sich Jens Weyhe näher mit der einer ganz bestimmten vorausgegangen Absolventenstudie, der ersten Sächsischen Absolventenstudie des Sächsischen Kompetenzzentrums für Bildungs- und Hochschulplanung der Technischen Universität Dresden (K.f.B.H). Beleuchtet werden hierbei die durchführende Forschungseinrichtung, der Inhalt bzw. die Struktur der Umfrage und das methodische Vorgehen. Dieses Kapitel ist allerdings kurz gehalten, da die Studie ja publiziert und deshalb allgemein zugänglich ist. Die Ergebnisse werden später in Zusammenhang mit den wichtigsten Ergebnissen der eigenen Studie beleuchtet.

Im Anschluss an die beiden methodisch-theoretischen Kapitel wird das Design der Untersuchung beschrieben. Dazu erfolgt anfangs die inhaltliche Vorstellung der drei untersuchungsrelevanten Studiengänge. Anschließend wird das weitere methodische Vorgehen, wie z.B. die Erarbeitung des Erhebungsinstruments als zentrales Element der Absolventenstudie, im Einzelnen erläutert. Zudem wird über die Grundgesamtheit und die Stichprobe sowie die Datenerhebung und die Rücklaufquote der Befragung berichtet. Anschließend werden die Ergebnisse getrennt nach Themenblöcken deskriptiv und unter Zuhilfenahme anschaulicher Diagramme präsentiert und sowohl untereinander nach Jahr- und Studiengang als auch mit Datensätzen anderer geeigneter Quellen verglichen und ausgewertet. Hauptsächlich werden dazu an den Stellen, an denen dies sinnvoll und möglich ist, auf Landesebene die *Erste Sächsische Absolventenstudie* (Lenz et al. 2010) und auf Ebene des Bundes die *19. Sozialerhebung des Deutschen Studentenwerks* (vgl. Leszczensky et al. 2010, Isserstedt et al. 2010) herangezogen. Diese Befragungen wurden zwischen Oktober 2008 und Mai 2009 bzw. im Sommersemester 2009 durchgeführt und analysiert.
Diskutiert werden weiterhin die Handlungsempfehlungen für die WHZ und die Fakultät SPR. Darauf folgt ein Ausblick auf weiteren Forschungsbedarf, welcher die Untersuchung abschließt.

Zusammenfassend kristallisieren sich demnach bei der Durchführung von Absolventenbefragungen die in Abbildung 1 dargestellten Untersuchungsphasen heraus:

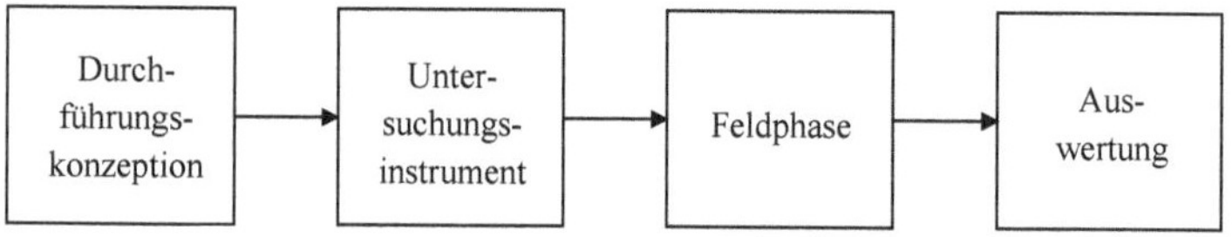

Abbildung 1: Untersuchungsphasen bei der Durchführung von Absolventenstudien
Quelle: Schomburg 2001, A.1

2. Absolventenstudien als Analyseinstrumente in der Hochschulforschung

Der Begriff ‚Absolventenstudie' definiert sich als „standardisierte, quantitative und für eine definierte Population repräsentative Befragung von Hochschulabsolventen, die Informationen (Fakten und Bewertungen) über das abgeschlossene Studium und den weiteren Berufs- und Bildungsverlauf erheben" (Falk/Reimer/Sarcletti 2009, 5). Es gilt mithilfe von Absolventenstudien zu ermitteln, ob eine akademische Bildungseinrichtung aus Sicht ihrer ehemaligen Studierenden als ‚gut' eingeschätzt wird (vgl. Meyer/Pfeiffer 2010, 11). Zur adäquaten Einschätzung von Lehre und Studium sind nur Studienabgänger in der Lage, da sie im Gegensatz zu Studierenden über genügend Abstand verfügen (vgl. Krempkow/Pastohr o.J., 1).

2.1 Entwicklung

Einzelne Vorläufer von Absolventenstudien können in Deutschland bis in die 1970er Jahre zurückverfolgt werden. Im Laufe der 1980er Jahre verstärkten sich die Aktivitäten und seit den letzten Jahren ist der Absolventenforschung gegenüber ein stark wachsendes Interesse zu beobachten, was mit zahlreichen aktuellen hochschul- und arbeitsmarktpolitischen Themen zusammenhängt. Inwieweit entspricht die Hochschulausbildung den beruflichen Anforderungen? Wie ist das Verhältnis zwischen dem Angebot an Akademikern und dem Bedarf des Arbeitsmarkts? Schon zu Beginn der Bildungs- und Hochschulexpansion in den 1960er Jahren wurden diese Fragen diskutiert, wobei sich im Lauf der Zeit das Erkenntnisinteresse stark verändert hat. Während anfangs das Hauptaugenmerk auf den Beschäftigungs- bzw. Arbeitslosenquoten lag, haben heute Merkmale der Studienqualität an Bedeutung gewonnen. Absolventenstudien haben sich demnach an vielen akademischen Bildungseinrichtungen zu einem unverzichtbaren „Bestandteil von Maßnahmen zur Qualitätssicherung, der retrospektiven Evaluation des Studiums oder der Akkreditierung von Studiengängen" (Lenz et al. 2010, 12) entwickelt.

2.2 Motive und Zweck der Durchführung von Absolventenstudien

Absolventenbefragungen können zur Evaluation von Hochschulen oder Fachbereichen wertvolle Beiträge leisten. Mit ‚Evaluation' streben Teichler und Schomburg Folgendes an:

> „eine systematische Bewertung [...], die sich (a) auf die Voraussetzungen und Ressourcen der zu evaluierenden Einheit [...] oder ausgewählter Funktionen dieser Einheit (z.B. die Ausbildungsfunktion des Fachbereichs) bezieht, (b) auf die Prozesse [...] und (c) auf die Erträge – entweder im engeren Sinne entsprechend den intendierten Zielen (‚output') oder auch auf die Wirkungen in einem weiteren Sinne (‚outcomes')." (1997, 244 f.)

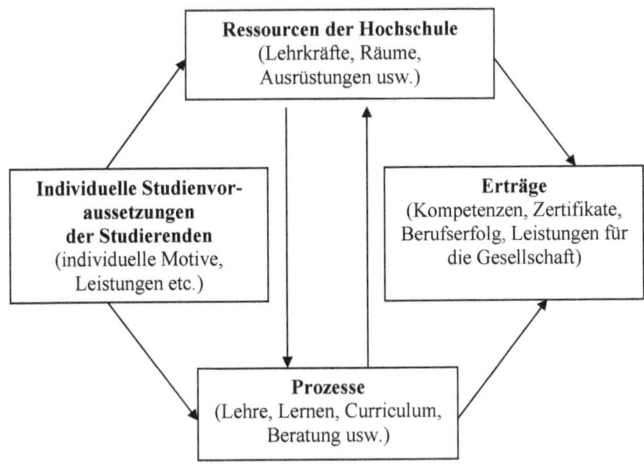

Abbildung 2: Zentrale Variablenbereiche der Evaluation von Hochschulen
Quelle: ebd., 246

Absolventenbefragungen haben ihren Stellenwert demnach nicht nur in der Messung der Erträge der Hochschulausbildung (‚outputs' und ‚outcomes', vgl. Abbildung 2), sondern sie tragen auch zur Erklärung des Outputs bei (vgl. ebd., 246, 256). Die Ergebnisse einer solchen Befragung versorgen die Hochschulen mit wichtigen Daten über ihre Stärken und Schwächen, die zur Identifikation von Innovationspotentialen und zur Verbesserung der Situation von Forschung und Lehre genutzt werden können. Ziel ist es demzufolge, aus den Resultaten der Absolventenstudien Rückschlüsse auf die Qualität des durchlaufenen Studiums zu ziehen. Als Maße, die zu den beruflichen Erträgen des Studiums herangezogen werden können, ergibt sich nach Analysen bereits durchgeführter Befragungen von Hochschulabsolventen ein breites Spektrum an Themen. Teichler/Schomburg klassifizieren diese in vier Gruppen:

- objektive Maße für den Übergang vom Studium in den Beruf, z.B. Dauer der Beschäftigungssuche nach Studienabschluss, Anzahl vergeblicher und erfolgreicher Bewerbungen, Zeiten der Arbeitslosigkeit, Status- und Beschäftigungsmerkmale der ersten beruflichen Tätigkeit
- objektive Maße für den Berufserfolg, z.B. Einkommen, betriebliche Position usw.
- subjektive Maße zum Berufserfolg und zur beruflichen Situation, z.B. Aussagen zur beruflichen Zufriedenheit, Charakteristika des Berufs
- Einschätzungen zum Zusammenhang von Studium und Beruf, z.B. das Ausmaß von Qualifikationsverwendung generell oder die berufliche Nützlichkeit bestimmter Studieninhalte (vgl. ebd. 1997, 248)

Auch wenn sich in den letzten Jahren zunehmend die Evaluation von Erträgen der akademischen Bildungseinrichtungen als zentrales Anliegen von Hochschulabsolventenstudien herausgestellt hat, existiert eine Vielzahl weiterer Verwendungsmöglichkeiten: Ähnlich wie im Wettbewerb auf dem Arbeitsmarkt, in dem sich die Studienabgänger nach der Exmatrikulation wiederfinden und behaupten müssen, treten auch akademische Einrichtungen im bildungspolitischen Wettstreit gegeneinander an. Besonders in Zeiten des demografischen Wandels und geburtenschwacher Jahrgänge sind Hochschulen mehr denn je „gefordert, individuelle Profile zu entwickeln und neue Studierendengruppen zu rekrutieren" (Beblo/Kaiser 2010, 380). In diesem Prozess können Informationen aus Absolventenstudien sowohl als Ausgangspunkt für die Strategieentwicklung dienen als auch für ein erfolgreiches Marketing verwendet werden (Absolventenkarrieren als Marketingfaktor). Mittlerweile fließen die Ergebnisse zunehmend „auch in Rankingverfahren ein, in denen Berufserfolg als ein Indikator für die Qualität und Reputation von Hochschulen gilt" (Lenz et al. 2010, 12). Weiterhin liefern Absolventenstudien Hinweise zur Optimierung von Career-Service-Angeboten der Hochschulen.

Nicht weniger interessant sind detaillierte Informationen zum weiteren Berufs- und Bildungsverlauf der ehemaligen Studierenden. Die Nachfrage nach solchen differenzierten fachspezifischen Befunden steigt, nicht zuletzt durch die Einführung neuer und zum Teil sehr spezialisierter Bachelor- und Masterstudiengänge.
Aber auch junge Menschen mit Hochschulzugangsberechtigung, die sich nach dem erfolgreichen Schulabschluss über ihre akademischen Möglichkeiten erkundigen und den Abschluss an einer Hochschule anstreben, können Absolventenstudien heranziehen, um transparente Einblicke in Studienbedingungen und berufliche Perspektiven zu bekommen. Kurzum:

> „Sie erhalten Entscheidungshilfen bei den Fragen, auf was sie bei der Wahl ihres Studienfachs und der Hochschule besonders achten müssen." (Stoll 2009, 7)

Neben der Durchführung von Absolventenbefragungen ist die gesamte Alumniarbeit ein wichtiger Bestandteil „hinsichtlich studien- und lehrbezogenen Kooperationen zwischen Hochschule und Praxis" (Pasternack et al. 2010, 338). Nicht ohne Grund sind Alumniprogramme an allen Hochschulen in Ostdeutschland entweder bereits implementiert oder befinden sich derzeit im Aufbau. Ziel ist dabei die „Mobilisierung der Berufserfahrungen und Praxiskontakte früherer Studierender der Hochschule für die heutige Studierendengeneration" (ebd., 339). Die WHZ verfolgt diese Ambitionen mit dem Hochschulverein Mentor e.V. und einer Alumni-Datenbank, wobei einige Fakultäten sogar über eigenständige Absolventenvereine verfügen. Es werden sowohl hochschulweite als auch fakultätseigene Absolvententreffen organisiert.
Der Vorzug von Absolventenstudien liegt in ihrer Systematik der Information durch Standardisierung. Sie können außerdem eine beachtliche inhaltliche Vielfalt aufweisen, was Abbildung 3 belegt.

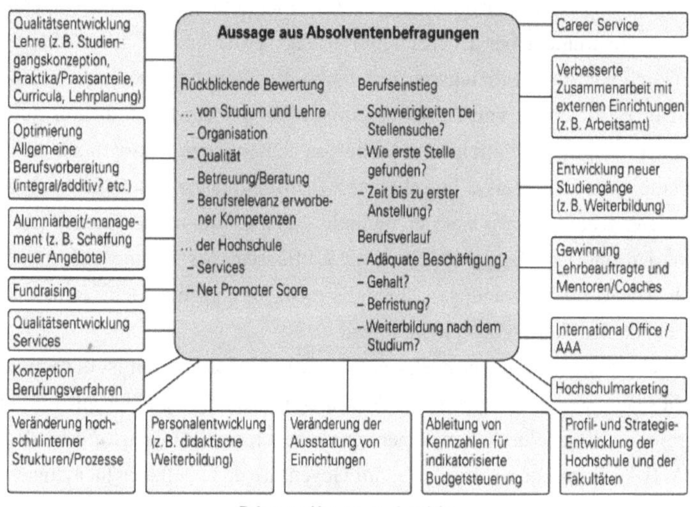

Abbildung 3: Wirkpotentiale von Absolventenbefragungen
Quelle: Jaeger/Kerst 2010, 15

2.3 Grenzen und Kritikpunkte der Anwendung

Trotz der vielfältigen Möglichkeiten, die Absolventenbefragungen in Bereichen der Hochschulentwicklung, Qualitätssicherung oder Studien- und Berufsberatung eröffnen, darf der tatsächliche Ertrag einer solchen Unter-suchung nicht überschätzt werden. Besonders die kausale Verknüpfung zwischen den individuellen Eigenschaften einer Person mit den institutionellen Merkmalen der akademischen Ausbildung (Studienbedingungen, -verläufe), Resultaten des Studiums (Kompetenzen, Noten) und der weiteren beruflichen Entwicklung ist ein Forschungsfeld, welches empirisch noch eher unklar und theoretisch erst in Ansätzen aufgeklärt ist (vgl. Lenz et al. 200, 13). Problematisch dabei ist die ursächliche „Zurechnung von Bedingungen und Ergebnissen, die ‚Multikausalität' der zu berücksichtigenden Faktoren und die ebenfalls einzubeziehende Vielfalt hochschulischer und außerhochschulischer Kontexte" (ebd., 13).

Zweifellos sind Absolventenstudien ein sehr nützliches und inzwischen unverzichtbar gewordenes Instrument der Hochschulforschung. Trotzdem sei ausdrücklich davor gewarnt, sich von ihren Ergebnissen zu vorschnellen Schlussfolgerungen verleiten zu lassen. Der Berufserfolg von Absolventen ist nicht der einzige Indikator guter Studienqualität, hängt er doch in hohem Maße von persönlichen Faktoren ab, die mit der Hochschule in keiner Wei-se korrelieren, z.B. Mobilitätsbereitschaft. Auch der Erwerb sozialer Kompetenzen kann nicht allein durch Studium und Hochschule entwickelt werden und unterliegt verschiedenen Einflüssen. Als Prognoseinstrument eignen sich Absolventenbefragungen ebenfalls nicht, da künftige Bedarfe des Arbeitsmarkts an Akademikern nicht ableitbar sind.
Häufiger Gegenstand aktueller hochschulpolitischer Diskussionen ist die Studiendauer. In diesem Zusammenhang ist die Verkürzung der Regelstudienzeit mithilfe der Einführung von Bachelorstudiengängen ein Anliegen der Bologna-Reform, dem auch an der WHZ entsprochen wurde. Was im Gegensatz dazu seltener thematisiert wird, ist die Frage, inwieweit sich ein kürzeres Studium überhaupt positiv oder negativ auf den Berufserfolg von Absolventen auswirkt. Das kann nur durch einen Vergleich ermittelt werden, bei dem die beruflichen Entwicklungen von Studienabgängern mit längerer und kürzerer Studiendauer gegenüber gestellt werden (vgl. Krempkow/Pastohr o.J., 2). Die Daten aus Absolventenstudien ermöglichen zwar eine solche Betrachtung, sind für die Fakultät SPR jedoch gerade vor dem Hintergrund des Bologna-Prozesses trotzdem nicht von besonderer Bedeutung, schließlich wurde die Regelstudienzeit bei der Umstellung der Studiengänge lediglich um ein Semester von acht auf sieben verkürzt.
Trotz der zuvor aufgezeigten Grenzen und Kritikpunkte erscheint die Durchführung einer Absolventenstudie an der Fakultät SPR der WHZ gerechtfertigt. Denjenigen, die die Stärken und Schwächen der Angebote und Bedingungen seitens der Hochschule aus eigener Erfahrung bewerten können, wird auf diese Weise erstmals die Möglichkeit gegeben, sich systematisch und qualifiziert dazu zu äußern. Die überschaubaren Studentenzahlen an der Fakultät SPR und das daraus resultierende gute, persönliche Verhältnis zwischen Studierenden und Lehrenden lassen vermuten, dass die kontaktierten Ehemaligen mehrheitlich die Chance ergreifen werden, sich zu beteiligen und das gewünschte Feedback zum Studium und zum Übergang in den Beruf zu geben.

Nach diesen Überlegungen zum für und wider von Absolventenstudien, soll nun zunächst ein sehr knapper Überblick über die erste durchgeführte Absolventenstudie in Sachsen gegeben werden, die für die eigene Studie wichtige Orientierung und Anhaltspunkte bot. Allerdings kann auf den Aufbau, die Durchführung und die Ergebnisse in diesem Rahmen nicht detailliert eingegangen werden (vgl. dazu: www.kfbh.de).

3. Die erste Sächsische Absolventenstudie

Zwischen Oktober 2008 und Mai 2009 führte das Sächsische Kompetenzzentrum für Bildungs- und Hochschulplanung (K.f.B.H) die erste sächsische Absolventenstudie durch. Es wurden insgesamt 12.300 Absolventen aus nahezu allen Studienrichtungen befragt und die Daten jedes zweiten Absolventen, der in den Jahren 2006 und 2007 den Abschluss an einer sächsischen Hochschule errang, erhoben. Auftraggeber war das Sächsische Staatsministerium für Wissenschaft und Kunst (vgl. Lenz et al. 2010, 9 f.). Im August 2010 wurden die *Ergebnisse der ersten Sächsischen Absolventenstudie* unter dem Titel "Studium und Berufseinstieg" veröffentlicht und von der sächsischen Staatsministerin für Wissenschaft und Kunst Frau Prof. Sabine von Schorlemer vorgestellt.
Bei dieser Umfrage wurde die WHZ als Teil der sächsischen Hochschullandschaft ebenfalls einbezogen. Die Diplomstudiengänge Wirtschaftsfrankoromanistik, Wirtschaftshispanistik und Wirtschaftssinologie wurden jedoch etwas „unglücklich" in die Kategorie der "Literatur- und Sprachwissenschaften (Uni+FH)" eingeordnet (vgl. Lenz et al. 2010, 243). In dieser Fächergruppe liegen 118 Ergebnisse vor, von denen die genannten Studiengänge insgesamt mit nur 26 erfolgreich befragten Absolventen vertreten waren. Diese Erhebung ist also für die Fakultät SPR der WHZ weder repräsentativ noch aussagekräftig.
Welchen Stellenwert diese Studie für die Bildungspolitik Sachsens hat, zeigt die Tatsache, dass sie von höchster Stelle, also dem SMWK, in Auftrag gegeben und von der Ministerin persönlich vorgestellt wurde. „Die Sächsische Absolventenstudie gibt den Hochschulen ein umfangreiches Datenmaterial an die Hand, um die Qualität ihrer Angebote zu überprüfen und zu verbessern", so die Wissenschaftsministerin (SMWK 2010). Außerdem soll überprüft werden, welche Chancen sich mit den im Bologna-Prozess neu geschaffenen Abschlüssen (Bachelor, Master) auf dem Arbeitsmarkt eröffnen. Ein wichtiges Ergebnis der Studie ist beispielsweise die recht große Abwanderungsrate der Absolventen nach ihrem Abschluss. Um diesem Problem zu begegnen, ist es wichtig, die Meinung derjenigen zu kennen, die es betrifft – die Absolventen. Mit der Durchführung einer solch großen Studie ist es den Hochschulen möglich, kritische Themen zu lokalisieren und zu verbessern. Um im nationalen „Hochschul-Wettbewerb" Bundesländern wie Bayern und Rheinland-Pfalz in nichts nachzu-

stehen, hat Sachsen als drittes Bundesland eine solche landesweite Studie auf den Weg gebracht (vgl. Lenz et al. 2010, 9). Absolventenstudien, die von renommierten Forschungsinstituten, wie hier dem K.f.B.H. durchgeführt werden, sind sehr kostenintensiv. Auch diese Tatsache ist ein weiterer Hinweis auf den Stellenwert der Studie.[4]

3.1 Kompetenzzentrum für Bildungs- und Hochschulplanung

Das K.f.B.H. als Teil der TU in Dresden wurde im Jahr 2004 gegründet. Die Forschungseinrichtung beschäftigt sich „mit der Bestandsaufnahme und zukünftigen Gestaltung des deutschen Bildungssystems, insbesondere der Hochschulen, und leitet daraus Planungs- und Beratungsangebote ab“ (TUD, 2008). Zu den Arbeitsbereichen des K.f.B.H. zählen neben der Erstellung und Durchführung von Absolventenstudien und Hochschulberichten auch andere interessante Forschungsbereiche. Die Überwachung und Protokollierung der Hochschulentwicklung, Analysen zu Studienangebot und -nachfrage, die Befragung von Studierenden zum Thema Qualität der Lehre und die Erfassung der Motive der Hochschulwahl gehören ebenfalls zum Portfolio dieses Forschungszentrums (vgl. K.f.B.H 2011). Darüber hinaus kann man sich auf der Homepage der Institution (www.kfbh.de) einen Überblick über aktuelle und erfolgreich abgeschlossene Projekte verschaffen.

3.2 Zielsetzungen und Motive der Studie

Das Primärziel der Ersten Sächsischen Absolventenstudie war es, Informationen der Absolventen zu den folgenden Themenbereichen zu erhalten:

- retrospektive Bewertung ihres Studiums,
- Selbsteinschätzung ihrer Kompetenzen,
- Schwierigkeiten bei der Stellensuche,
- berufliche Entwicklung,
- Zufriedenheit mit ihrer Karriere und dem Status quo,

4 Dass die engagierte Bildungspolitik Sachsens Früchte trägt, beweist auch Rang 1 in der PISA-Studie, die 2008 in Berlin vorgestellt wurde (vgl. BPB 2008).

- Einflussfaktoren auf die berufliche Laufbahn,
- Genderproblematik

Des Weiteren bestand ein „landesspezifische[s] Interesse an Daten und Ergebnissen zum regionalen Verbleib und zu den Wanderungen von sächsischen [...] Absolventen bei Berufseintritt – und zwar sowohl innerhalb Sachsens als auch und vor allem über die Ländergrenzen hinweg“ (Lenz et al. 2010, 9).

3.3 Charakteristika der Befragung

Grundlegend gilt es zu erwähnen, dass die *Erste Sächsische Absolventenstudie* einige Fragen beinhaltet, die vor allem von den HIS-Fragebögen übernommen wurden, um einen bundesweiten Vergleich möglich zu machen (vgl. Lenz et al. 2010, 11).
Die Grundgesamtheit der Erhebung des K.f.B.H. umfasste alle Absolventen sächsischer Universitäten und Fachhochschulen der Abschlussjahrgänge 2006 und 2007. Ausgenommen davon waren Absolventen von Kunsthochschulen und weiterbildender Studiengänge, da Besonderheiten beim Berufseinstieg und spezifische Studienverläufe einen Vergleich fast unmöglich gemacht hätten. Neben den klassischen Abschlüssen Diplom, Staatsexamen und Magister, wurden auch Bachelor- und Masterabsolventen in die Befragung einbezogen. Letztere machten jedoch nur einen kleinen Anteil der Kohorte aus. Die Wahl der Abschlussjahrgänge fiel auf 2006 und 2007, da diese Absolventen zum Zeitpunkt der Erhebung über mindestens ein Jahr Berufserfahrung nach ihrem erfolgreichen Abschluss verfügen sollten. Von 24.700 Akademikern wurde jeder Zweite befragt – es handelte sich also um eine Teilerhebung.
Der Fragebogen enthielt:

- 76 Fragen auf 20 Seiten
- inklusive Filterfragen zur Eingrenzung spezieller Themengebiete (schnelleres Ausfüllen durch Weglassen irrelevanter Dinge)
- offene Fragen (Statements und Anregungen)

Nach einem Pretest sollten zwei Befragungsdurchgänge eine möglichst hohe Teilnahmequote sichern.

In Bezug auf die Rückläufe gaben die Verfasser an, dass es bei der Studie zu keinen systematischen Verzerrungen kam. Im Vergleich zu den Daten des Statistischen Landesamtes Sachsen waren die weiblichen Absolventen leicht in der Überzahl. Angaben zum Durchschnittsalter und zur Regel-studienzeit stimmen jedoch weitgehend überein. Beim Thema „Abschluss-noten" ließ sich eine leichte Überrepräsentativität der Absolventen mit einem guten bis sehr guten Abschlussresultat erkennen. Dies lässt auf ein geringeres Interesse an der Umfrage seitens der Ehemaligen mit schlechteren Endnoten schließen. Trotzdem sind die erhobenen Daten sachsenweit als repräsentativ zu betrachten (vgl. Lenz et al. 2010, 238 f.).5 Da uns diese Studie von ihrem Erhebungsdesign her, zu umfangreich erschien, haben wir uns zur Entwicklung unserer eigenen Studie entschlossen. Sie war zwar an den grundlegenden Fragen orientiert, es wurde aber einen eigener Fragebogen entworfen, der weniger umfangreich war, spezifischer auf die Fakultät bezogen und besser handhabbar erschien.

[5] Für weitere Details, die Durchführung und die Ergebnisse vgl. Lenz et al. 2010. Dies zu referieren würde den Rahmen dieser Publikation sprengen. Es sei jedoch angemerkt, dass wir uns an dieser Studie orientiert haben.

4. Design der eigenen Untersuchung an der Fakultät SPR[6]

In Anlehnung an Abbildung 1 am Ende des ersten einleitenden Kapitels erfolgt in diesem Kapitel eine Konkretisierung der Arbeitsschritte in Zusammenhang mit der Erstellung einer Absolventenstudie. Tabelle 1 gibt dazu neben einer Übersicht über die zu klärenden Details auch gleichzeitig einen Überblick über den Inhalt des Kapitels.

Untersuchungsphase	**Arbeitsschritte**
1. Durchführungskonzeption	Festlegung der Untersuchungsziele (Auswahl der Fragestellungen) Festlegung des Designs (Bestimmung der Untersuchungsgruppe, Entscheidung über die Art des Erhebungsinstruments, technische Durchführungskonzeption)
2. Entwicklung des Untersuchungsinstruments	Formulierung von Fragen und Antwortvorgaben Gliederung und technische Gestaltung des Fragebogens
3. Feldphase	Verteilung/Zustellung der Fragebögen Sicherung einer hohen Beteiligung
4. Auswertung	Entwicklung des Codeplans für offene Antworten Vercodung offener Antworten Datenerfassung/Datenkontrolle Datenauswertung Abfassung des Untersuchungsberichts

Abbildung 4: Arbeitsschritte bei der Durchführung von Absolventenstudien
Quelle: Schomburg 2001, A.12

4.1 Untersuchungsrelevantes Studienangebot

Die drei Studiengänge Wirtschaftsfrankoromanistik, Wirtschaftshispanistik und Wirtschaftssinologie wurden vom Wintersemester (WS) 1996/1997 bis zum WS 2006/ 2007 von der Fakultät SPR an der WHZ angeboten. Ab dem WS 2007/2008 wurden die Studiengänge im Zuge des Bologna-Prozesses umgestellt. Studieninteressierte können sich seitdem für den Bachelorstudiengang *Languages and Business Administ-*

6 SPR ist wie weiter oben schon angemerkt das Kürzel der alten Fakultät Sprachen und auch der neuen Fakultät Angewandte Sprachen und Interkulturelle Kommunikation.

ration mit dem Schwerpunkt *frankophoner, hispanophoner* oder *chinesischer* Sprach- und Kulturraum einschreiben. Das Studienangebot ist sowohl inter- als auch transdisziplinär angelegt und umfasst deshalb Lehrinhalte aus den drei Schwerpunktbereichen: Wirtschaftssprachen, Interkulturelle Kommunikation und Wirtschaftswissenschaften.

Schwerpunkte des Studiengangs Languages and Business Administration
Wirtschaftssprachen Zielsprachen: Französisch, Spanisch oder Chinesisch Zweitsprache: Englisch für alle drei Studiengänge Drittsprachen: Französisch, Italienisch, Katalanisch, Portugiesisch, Russisch und Spanisch stehen je nach Kapazität und Nachfrage zur Wahl.
Interkulturelle Kommunikation und interkulturelles Management Landeskunde, Vermittlung interkultureller Kompetenzen, Intercultural Training, Business Communication,
Wirtschaftswissenschaften BWL, VWL, Statistik, Recht sowie ab dem vierten Semester eine Vertiefung mit betriebswirtschaftlichem Schwerpunkt nach Wahl, z.B. Internationales Marketing, Internationale Unternehmensführung/Controlling oder Logistik

Abbildung 5: Schwerpunktbereiche des Studiengangs LBA

Die im Grundstudium theoretisch erworbenen Kenntnisse und Fähigkeiten wurden während der obligatorischen Auslandsaufenthalte im fünften (Studium an einer Partnerhochschule) und sechsten Semester (Unternehmenspraktikum) erweitert und mit praktischen Erfahrungen untermauert. Nach der Rückkehr erfolgte in Deutschland die systematische Analyse und Aufbereitung der Erlebnisse der Studierenden, bevor sich das Verfassen der Abschlussarbeit im achten und damit letzten Studiensemester anschloss.

Durch die Verbindung von ausgeprägter Fremdsprachenkompetenz, interkultureller Sensibilisierung und wirtschaftsbezogenem Fachwissen wurden die Studierenden schon während des Praxissemesters für verschiedene Tätigkeiten in international ausgerichteten Unternehmen sehr gut vorbereitet.

4.2 Methodische Aspekte der Absolventenbefragung

Für den empirischen Teil der Untersuchung wurde als Erhebungsinstrument der Fragebogen einem berufsbiografischen Interview vorgezogen. Im Vorfeld der Realisierung der Absolventenstudie wurde gemeinsam mit der Dekanin der Fakultät SPR überlegt, welche Methode geeigneter erschien, um die Ziele der WHZ mithilfe der Untersuchung zu erreichen.

Die Hauptinteressen der Fakultät bestanden darin, über die bis dahin individuellen positiven Rückmeldungen einzelner Absolventen hinaus, einen systematischen Einblick in den Werdegang und die Bewertungen der Studierenden zu bekommen. Da es bis zum Zeitpunkt der vorliegenden Absolventenstudie noch keine vergleichbare gezielte Untersuchung vonseiten der WHZ oder der Fakultät gegeben hatte, lag der Fokus nicht nur auf den Alumni eines Jahrgangs, sondern vielmehr auf den Absolventen der Jahrgänge 2000 bis einschließlich 2005. Mithilfe qualitativer Interviews wäre es aufgrund der hohen Anzahl der zu befragenden Personen nicht möglich gewesen, genügend Daten für einen allgemeinen und umfassenden Überblick zu erheben. Auch die Auswertungs- und Vergleichsmöglichkeiten der Ergebnisse stellen sich bei der Nutzung eines Fragebogens günstiger dar. Deshalb ist die Entscheidung zugunsten der schriftlichen Befragung gefallen. Trotzdem sollte die Idee, ausgewählte Absolventen noch einmal im Nachgang dieser Untersuchung zu interviewen, um ein differenzierteres Bild zu bekommen, im Auge behalten werden.

4.2.1 Grundgesamtheit und Stichprobe

Die Untersuchung ist als anonyme schriftliche Gruppenbefragung aller Absolventen der Studiengänge Wirtschaftsfrankoromanistik, Wirtschaftshispanistik und Wirtschaftssinologie konzipiert, welche ihr Studium in den Jahren 2000 bis einschließlich 2005 aufgenommen und es dementsprechend zwischen 2004 und Ende 2010 abgeschlossen haben. Prinzipiell sollte es sich um eine Vollerhebung handeln, bei der Grundgesamtheit und Stichprobe identisch sind. Berücksichtigt werden konnten in der Stichprobe jedoch nur die Absolventen, welche der Fakultät SPR kurz vor Studienabschluss bei der Anmeldung ihrer Diplomarbeit eine private E-Mail-Adresse zur Verfügung gestellt haben, da die Studierenden zu diesem Zeitpunkt noch mit der Exmatrikulation ihre E-Mail-Adresse der WHZ einbüßten und die Einladung zur Teilnahme an der Befragung ausschließlich per E-Mail erfolgte.

4.2.2 Fragebogen

Entwicklung

Die Befragung der Absolventen an der Fakultät Sprachen der WHZ wurde im Dezember 2010 mit dem im Anhang wiedergegebenen Fragebogen durchgeführt. Grundlage dieses Fragenkatalogs sind die im Kapitel 1.2 erläuterten Forschungsfragen. Der erste Entwurf orientierte sich an den Vorschlägen Schomburgs, welcher in seinem *Handbuch zur Durchführung von Absolventenstudien* einen Musterfragebogen vorstellt. Weil

> „die Untersuchungsziele und Fragestellungen, denen üblicherweise mit Hilfe von Absolventenstudien nachgegangen wird, einen so hohen Grad an Übereinstimmung haben, daß es möglich ist, einen Standardisierungsvorschlag zu machen“ (2001, A.10),

war dies auch in unserem Fall realisierbar. In einem nächsten Schritt wurde das Erhebungsinstrument der Dekanin der Fakultät SPR vorgestellt. Es wurden gemeinsam Modifikationen vorgenommen, wodurch der Fragebogen deutlich verkürzt und an die besonderen Gegebenheiten der drei Studiengänge angepasst wurde, z.B. in Form der Ergänzung von spezifischen Fragen bzgl. des Auslandsaufenthalts oder der Sprachkompetenz. Drittens wurden die Fragen mit denen des bewährten Fragebogens der *Ersten Sächsischen Absolventenstudie* des Sächsischen Kompetenzzentrums für Bildungs- und Hochschulplanung abgeglichen. Ziel war dabei, eine möglichst große Annäherung zwischen den beiden Fragebögen herzustellen, auch deshalb, um die Ergebnisse später besser vergleichen zu können. Abschließend erfolgte nach nochmaliger Streichung einiger weniger Fragen die endgültige Freigabe des Fragenkatalogs durch die Dekanin und Prodekanin der Fakultät SPR (vgl. Abbildung 6).

Die ausnahmslos positiven Rückmeldungen zum Fragebogen lassen vermuten, dass die Konzeption des Erhebungsinstruments bei den Absolventen gut angekommen ist.

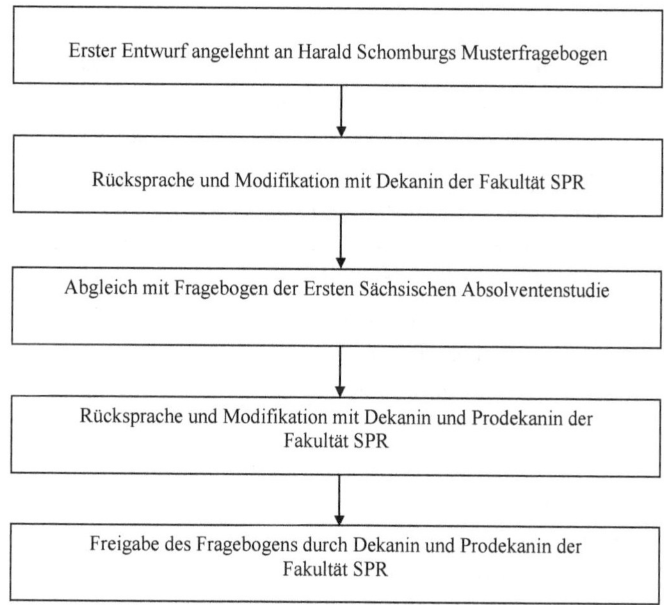

Abbildung 6: Etappen bei der Fragebogenentwicklung

Wording

Generell stand bei der Formulierung der Fragebogenitems im Vordergrund, kurze und konkrete Fragen zu stellen, keine Fachausdrücke anzuwenden, doppelte Verneinungen, die leicht missverstanden werden, zu umgehen und bei Wertungen eine Balance zwischen positiven und negativen Wertungen herzustellen, um Objektivität zu gewährleisten. Hypothetische Elemente und Überlastungen der Teilnehmer sollten ebenso vermieden werden. Die Wichtigkeit dieser Regeln ist darin begründet, dass es vorher keine Kontaktaufnahme und Einführung in das Thema für die Absolventen gab. Obwohl Kontaktdaten für den Fall von Unklarheiten im Fragebogen hinterlegt waren, durften die Fragen keine Rückfragen verursachen. Die ehemaligen Studierenden wurden gebeten, sich für das Ausfüllen der Befragung etwa 30 Minuten Zeit zu nehmen. Diese überschaubare Zeitspanne sollte den Anreiz zur Beantwortung der Fragen steigern. Bei Unklarheiten im Ausdruck wäre die Bereitschaft zur Bearbeitung sicherlich stark gesenkt worden.

Fragetypen

Mithilfe verschiedener Fragetypen ermittelt das Erhebungsinstrument sowohl quantitative als auch qualitative Daten (vgl. Diekmann 2010). Es wurden *geschlossene Faktfragen* mit vorgegebenen Antwortalternativen (z.B. Frage 2), *halboffene* (z.B. Frage 26) und *offene Meinungsfragen* (z.B. Frage 18) gestellt. Aus Gründen der kürzeren Bearbeitungsdauer für die Absolventen sowie der aufwändigeren Auswertung wurden verhältnismäßig wenig offene Fragen verwendet. *Filterfragen* (z.B. Frage 20) wurden ebenfalls eingesetzt, mit deren Hilfe die Zielpersonen über Passagen hinweg geleitet wurden, die für sie nicht zutreffend waren. Es sollte auf diese Weise verhindert werden, „dass den Befragten überflüssige Fragen gestellt werden und sie damit zu schnell die Motivation an der weiteren Teilnahme verlieren" (Häder 2006, 228).

Skalentypen

Die Befragung erfasst Merkmale, die auf unterschiedlichen Skalenniveaus abgebildet werden müssen. Während die Geschlechtszugehörigkeit auf einer Nominalskala abgebildet wird, kann z.B. die Größe des Arbeitgebers anhand der Beschäftigtenanzahl auf einer Ordinalskala zusätzlich in eine Rangfolge gebracht werden. Andere Daten (z.B. die ausschlaggebenden Gründe für das Studium an der WHZ) können als intervallskaliert betrachtet werden. Je nach Skalenniveau stehen zur Datenauswertung unterschiedliche statistische Verfahren zur Verfügung.

Bei Fragen nach einer Einschätzung durch die Teilnehmer wurde von Ratingskalen Gebrauch gemacht. Solche Skalen, die nach dem amerikanischen Sozialforscher Rensis Likert *Likert-Skalen* genannt werden, erfassen das Ausmaß der Zustimmung oder Ablehnung zu vorgegebenen Aspekten und stellen die derzeit in den Sozialwissenschaften am meisten verbreitete Skalierungsmethode dar (vgl. Schnell/Hill/Esser 2008, 191). Die Antwortvorgaben sind fünffach gestuft, wobei die Teilnehmer ihre Aussage durch Ankreuzen einer Zahl beantworten (vgl. Tabelle 2). Auch wenn die befragten Teilnehmer im Erhebungsinstrument lediglich die Extrempunkte der grafisch unterstützten Antwortskala beschriftet sehen, wird ein gleich großer Abstand zwischen den Bewertungsschritten angenommen. Mit Wirtz/Nachtigall (1998, 53) kann davon ausgegangen werden, dass die verwendeten Ratingskalen somit Intervallskalenniveau erreichen. Damit ist die Berechnung des arithmetischen Mittels zulässig (vgl. Statista o.J.), welches jeweils für Gesamtjahrgang und die drei Studienrichtungen aus den betreffenden ursprünglichen Fragebogenantworten ermittelt wird.

1	2	3	4	5
völlig unwichtig	unwichtig	teils/teils	wichtig	sehr wichtig
gar nicht nützlich	nicht nützlich	teils/teils	nützlich	sehr nützlich
in sehr geringem Maße	in geringem Maße	teils/teils	in hohem Maße	in sehr hohem Maße
Trifft auf keinen Fall zu.	Trifft eher nicht zu.	teils/teils	Trifft eher zu.	Trifft auf jeden Fall zu.
sehr unzufrieden	unzufrieden	teils/teils	zufrieden	sehr zufrieden

Abbildung 7: Abstufung der Antwortvorgaben

Damit Verzerrungen aufgrund fehlender Antwortmöglichkeiten bei geschlossenen Fragen mit Antwortskala vermieden werden, entspricht die mittlere Stufe der Skala der Merkmalsausprägung ‚teils/teils'. Auf diese Weise wird dem Befragten eine wertfreie Ausweichmöglichkeit gegeben, wenn er nicht so antworten kann, wie er es möchte. Mit den Ausprägungen der verwendeten Likert-Skalen wird ein breites Spektrum möglicher Varianten der Beantwortung abgedeckt (vgl. Kirchhoff et al. 2010, 22).

Gliederung

Die Befragung beginnt mit einer kurzen neutralen Einführung für die Absolventen, welche ihnen Hinweise zum korrekten Ausfüllen des Fragebogens gibt. Danach werden die 46 Fragen des Fragebogens in 11 inhaltliche Themenbereiche gegliedert, zu denen jeweils entsprechende Daten ermittelt werden:

- Vor dem Studium
- Während des Studiums
- Bewertung des Studiums
- Nach dem Studium
- Erste und aktuelle Erwerbstätigkeit
- Einarbeitung in die erste Stelle nach Studienabschluss
- Aktuelle Erwerbstätigkeit

- Berufliche Anforderungen und Qualifikationsverwendung
- Einschätzungen der beruflichen Situation
- Angaben zur Person
- Weitere Kommentare zum Studium

Die Absolventen wurden nicht nur bzgl. objektiver Aspekte befragt, z.B. nach Art der Hochschulzugangsberechtigung, Ort der Erwerbstätigkeit oder Alter, sondern auch um individuelle Einschätzungen gebeten. Gerade die subjektiven Bewertungen des Studiums, des Bewerbungsprozesses sowie der aktuellen beruflichen Situation sind von sehr großem Interesse für die Fakultät SPR.
Der Erhebung endet mit einer Danksagung den Absolventen gegenüber und der Information, dass sie nach Abschluss der Untersuchung zusammenfassend per E-Mail über die Ergebnisse der Umfrage informiert werden.

Pretest
Der Fragebogen hat aus zeitlichen Gründen keinen klassischen Pretest durchlaufen, bei dem das Erhebungsinstrument an einem ausgewählten repräsentativ erscheinenden Personenkreis getestet wird. Um trotzdem weitgehend auf Verständnisfragen, problematische Formulierungen oder kritische Messkonzeptionen aufmerksam zu werden, wurde der Fragebogen der Familie, Partnern und Freunden der Forscherin vorgelegt. Wenigstens eine der auf diese Weise befragten Personen stammt aus der Zielgruppe der Absolventen, wenn auch als ehemaliger Studierender einer Universität und eines ingenieurwissenschaftlichen Studienfachs. Verwendet wurde bei den Testläufen das kognitive Verfahren der *Think Aloud* Methode, bei der die Zielperson während der Bearbeitung des Fragebogens zu lautem Denken ermuntert wird (vgl. Häder 2006, 391).

4.2.3 Durchführung der Untersuchung

Die Befragung erfolgte aus Gründen der Nutzerfreundlichkeit online mithilfe des Softwarepakets *oFB – der online Fragebogen* und stellt somit eine unbetreute Befragung im Internet (vgl. Abbildung 8) dar. Schon vor zehn Jahren wiesen Bandilla/Bosnjak (2000, 116) auf den Trend hin, internetbasierte Befragungen vor allem für Spezialpopulationen mit Internetzugang, z.B. Studierende, anzuwenden.

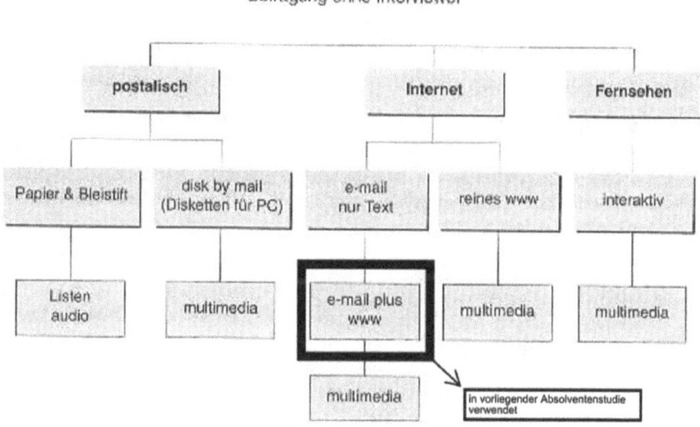

Abbildung 8: Befragungsmethoden
Quelle: in Anlehnung an Kaase 1999, 46

Die technische Realisierung oblag Jens Weyhe. Der Fragebogen wurde mit einem Passwort geschützt, um sicherzustellen, dass nur die benachrichtigten Absolventen und keine externen Personen an der Umfrage teilnehmen und um damit Verzerrungen zu vermeiden. Die einzelnen Zeilen der Frageblöcke wurden abwechselnd mit weißem und orange-farbigem Hintergrund zur besseren Unterscheidung und Orientierung formatiert, was die Übersichtlichkeit des Fragebogens unter Umständen erhöht hat (vgl. Häder 2006, 228).

Von der Fakultät SPR wurden die E-Mail-Adressen der Absolventen aus dem hochschulinternen Adressenpool zur Verfügung gestellt. Damit konnte den ehemaligen Studierenden per E-Mail ein kurzes Anschreiben (vgl. Anhang), das die Untersuchungsziele erläuterte sowie eine Erklärung zum Datenschutz enthielt, und der Hyperlink zur Umfrage geschickt werden. Dies geschah am 07.12.2010 durch eine Mitarbeiterin des Sekretariats im Namen der Dekanin der Fakultät und der beiden Nachwuchsforscher. Es wurde ein Zeitraum von zwei Wochen zur Beantwortung veranschlagt. Elisa Wiesbaum verfügte aus Gründen des Datenschutzes nicht über die E-Mail-Adressen der angeschriebenen Absolventen und konnte folglich beispielsweise nicht anhand der Rückmeldungen einiger Absolventen per E-Mail prüfen, wer den Fragebogen bereits ausgefüllt hatte. Deshalb wurde am 16.12.2010, wenige Tage vor Teilnahmeschluss, an alle Adressaten eine Erinnerungsnachricht verschickt, verbunden mit einer Danksagung für die bisherige Teilnahme, die konstruktiven Verbesserungsvorschläge bzgl. des Fragebogens sowie das rege Interesse am Projekt und an den Ergebnissen. Obwohl die Absolventen demzufolge zweimal darüber informiert wurden, dass die Frist für die Teilnahme an der Umfrage am 21.12.2010 endete, blieb der Hyperlink noch bis zum 31.12.2010 aktiviert.

4.2.4 Rücklauf und auswertbare Datensätze

Ausgehend vom verwertbaren Rücklauf haben sich Absolventen aller drei Studienrichtungen aus jedem Jahrgang an der Erhebung beteiligt. Nach den entsprechenden Fehlermeldungen beim Versand der Benachrichtigungen stellten sich 37 E-Mails als nicht zustellbar heraus. Die dazugehörigen Adressen konnten teilweise entweder über Suchmaschinen im Internet aktualisiert werden oder die Absolventen wurden über soziale Netzwerke wie meinVZ, studiVZ oder Facebook kontaktiert. 20 Absolventen blieben nicht erreichbar, woraus deutlich wird, welche wichtige Rolle Alumniprogramme für den Erfolg von Absolventenbefragungen spielen und damit verbunden die Adressverwaltung zur Kontaktpflege mit ehemaligen Studierenden (vgl. Stoll 2009, 11)[7]. Von den insgesamt 319 Absolventen wurden 299 erreicht (bereinigte Stichprobe). Bis Ende Dezember 2010 wurden insgesamt 287 Aufrufe der Umfrage – d.h., fast alle erreichten Alumni haben den angegebenen Hyperlink im Anschreiben angeklickt und sind auf die erste Seite der Befragung gelangt – und 184 Rückläufe registriert, welche bei der Auswertung zunächst alle berücksichtigt wurden. Darunter fielen auch die Antworten von vier Absolventen, die die Möglichkeit nutzten, den Fragebogen trotz abgelaufener Teilnahmefrist zu bearbeiten und abzusenden. Von diesen 184 Datensätzen nicht in die Auswertung eingegangen sind nach gründlicher Daten- und Plausibilitätsprüfung 17 Fragebögen, welche nicht abgeschlossen wurden und drei Fragebögen, welche zwar alle Fragebogenseiten bearbeitet hatten, jedoch

[7] Die Technische Universität Chemnitz beispielsweise legt großen Wert darauf, dass ihre Absolventen und Dozenten auch nach Verlassen der Einrichtung die E-Mail-Adresse der Hochschule behalten. Dieses Vorgehen wurde auch den Verantwortlichen an der WHZ vorschlagen und die Anregung wurde aufgenommen.

explizit keine Antwort auf Frage 11 nach dem Studienbeginn enthielten. Grund hierfür ist, dass die Ergebnisse der Studie wegen der großen Menge an Daten und der geplanten späteren Zuordnung zu den Jahrgangsgruppen in den meisten Fällen getrennt nach dem Jahr des Studienbeginns betrachtet und miteinander verglichen wurden. Ohne Angabe der Jahreszahl durch den befragten Absolventen war eine solche Zuordnung jedoch nicht möglich, weshalb auf diese Datensätze verzichtet wurde. Es ist vorstellbar, dass die befragten Absolventen aus Angst um ihre Anonymität die Frage nach dem Studienbeginn bewusst unbeantwortet ließen. Es verbleiben damit über alle untersuchten Jahrgänge hinweg 164 Datensätze zur weiteren Auswertung.

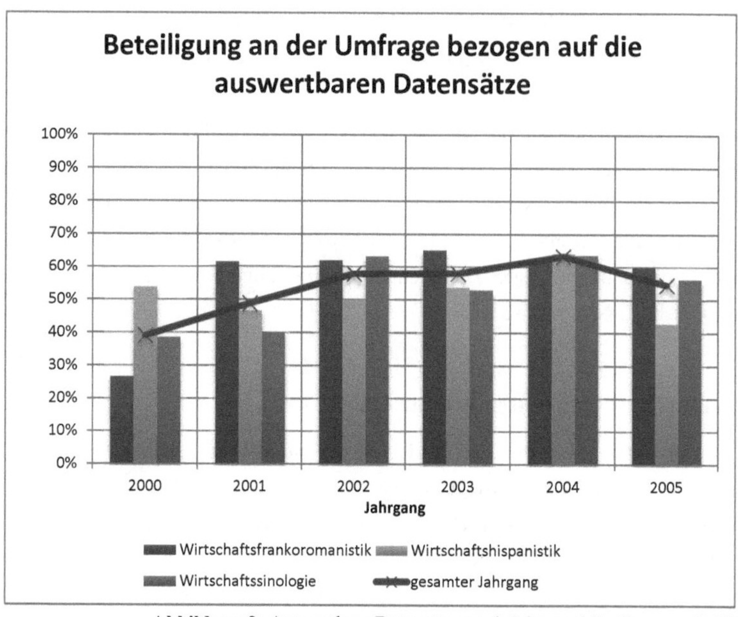

Abbildung 9: Auswertbare Datensätze nach Jahr- und Studiengang (in%)

Die Nettorücklaufquote beträgt unter Abzug der nicht erreichten ehemaligen Studierenden 62%, ein für Befragungen dieser Art sehr gutes Ergebnis. Die Nichtantworterquote *(Nonresponse)* liegt somit bei 38%. Burkhardt/Schomburg/Teichler (2000, 331) haben 160 Absolventenbefragungen systematisch ausgewertet. Dabei wurde von 100 untersuchten Studien eine durchschnittliche Nettorücklaufquote von 54% errechnet. Die Feldphase kann damit im landesweiten und bundesweiten Vergleich als großer Erfolg gewertet werden (vgl. Lenz et al. 2010, 10), wozu sicherlich auch die Erinnerungsaktion wenige Tage vor Eingabeschluss des Fragebogens beigetragen hat.

4.2.5 Darstellung der Ergebnisse

Im nachfolgenden Kapitel (Kap. 5) werden die Ergebnisse beider Teilstudien präsentiert und in Kapitel 6 noch einmal zusammengefasst.
Sogenannte *Missing Values*, d.h. fehlende oder falsche Angaben, werden weder in die Prozentberechnung mit einbezogen noch explizit ausgewiesen. Dieses Verfahren garantiert durch die Nichteinbeziehung der *Missings* in Grafiken und Tabellen mehr Übersichtlichkeit. Das Vorgehen birgt jedoch Risiken in der Form, dass wichtige Daten verloren gehen, wenn eine hohe Zahl von Personen eine Frage nicht beantwortet. Dies könnte ein Hinweis auf eine missverständlich formulierte Frage sein oder auf eine geforderte Information, die die Befragten nicht preisgeben wollen (vgl. Kirchhoff et al.2010, 49 f.). Nach genauer Abwägung fiel die Entscheidung trotz dieses Nachteils zugunsten eines strukturierten Überblicks ohne verwirrende Angaben und damit für die Betrachtung der Daten ohne *Missings*, zumal ihr Anteil bei keiner Frage auffallend hoch gewesen ist.

4.2.6 Datenqualität und Repräsentativität

Wie zu erwarten, sinkt die Anzahl der auswertbaren Datensätze, je länger der Abschluss des Studiums zurückliegt, sodass ein Ungleichgewicht zugunsten der jüngeren Jahrgänge entsteht. Was außerdem in vorliegender Studie beachtet werden muss, sind weitere Fehlerquellen, die die Teilnahme an der Befragung beeinflusst haben: Auf der einen Seite konnten die Kontaktdaten von 20 ehemaligen Studierenden trotz intensiver Recherchen im Internet nicht aktualisiert werden. Dieser ‚Abdeckungsfehler' *(Coverage Error)* ist bei einer größeren Anzahl an Befragungsteilnehmern kaum zu vermeiden, zumal es auch Absolventen gibt, welche der WHZ bewusst keine Kontaktdaten in Form einer E-Mail-Adresse hinterlegen wollten. Eine Analyse der nicht erreichbaren Absolventen hat gezeigt, dass von den 20 Personen mit veralteter E-

Mail-Adresse je eine auf die Jahrgänge 2004 und 2005 entfällt. Damit kann noch nicht von einer systematischen Unterscheidung der Ausfälle von der Grundgesamtheit gesprochen werden.

Auf der anderen Seite sind weitere Ausfälle der Nichtteilnahme an der Befragung zuzuschreiben, dem sog. *Nonresponse Error*, womit die Verweigerung der Teilnahme durch die Befragten und deren daraus resultierende fehlende Rückmeldung gemeint ist. Auch hierbei handelt es sich um eine Problematik, die sich in jeder sozialwissenschaftlichen Untersuchung findet und nicht zu vermeiden ist (vgl. Armstrong et al. 1977; Lenz et al. 2010, 237). Dieses Phänomen muss nicht zwangsläufig zu Verzerrungen in den Daten führen. Kühne kommentiert diesen Aspekt wie folgt:

> „Erst wenn bestimmte Gruppen systematisch nicht an der Befragung teilnehmen und diese Gruppen sich im Antwortverhalten von den Teilnehmerinnen und Teilnehmern unterscheiden, kann man von verzerrenden Effekten sprechen." (2009, 112)

Der sog. *Erfolgsbias* stellt eine weitere mögliche Verzerrung der Ergebnisse vorliegender Absolventenstudie dar, über den Beblo/Kaiser berichten:

> „Außerdem kann nicht ausgeschlossen werden, dass insgesamt ‚erfolgreiche' Absolvent/inn/en eine etwas höhere Antwortbereitschaft bei Absolventenbefragungen zeigen als weniger erfolgreiche, da letztere mögliche Schwierigkeiten bei der Jobsuche mit ihrem Studium assoziieren könnten. Andererseits wäre auch denkbar, dass besonders ‚erfolgreiche' Absolventinnen und Absolventen wegen ihrer beruflichen Beanspruchung keine Zeit zum Ausfüllen des Fragebogens haben und deswegen unterrepräsentiert sind. Während sich die mögliche Selektion beim Studienerfolg noch mit der Abschlussnote aus der Hochschulstatistik prüfen ließ, ist dies beim Berufserfolg nicht möglich, da wir beispielsweise keine Informationen über den Beschäftigungsstatus (erwerbstätig/erwerbslos) der Nichtteilnehmer/innen haben. Diese Informationen abzuschätzen, könnte eins der Ziele zukünftiger Absolventenbefragungen sein." (2010, 362)

Es wäre für Absolventen- und Berufsverlaufsstudien äußerst problematisch, wenn es tatsächlich zu einer systematischen Über- oder Unterrepräsentanz erfolgreicher Personen käme. Denn das würde bedeuten, dass „ein zentrales Konstrukt und zentrale Indikatoren, hier Berufserfolg, zugleich einen systematischen Ausfallgrund darstellen" (Kühne 2009, 112) und somit systematische Fehler zur Folge haben könnten. Die Ausmaße der Fehlerquellen und der Verzerrung sind in einer Kohortenstudie nur bedingt messbar, da generell das Problem existiert, nur sehr wenige bis gar keine Daten der Nichtteilnehmer zur Verfügung zu haben. Ob – und wenn ja inwieweit – es einen kausalen Zusammenhang zwischen Erfolg im Lebenslauf und der Teilnahmebereitschaft an einer Absolventenbefragung gibt, wurde bereits in einigen Panelstudien untersucht. Trotzdem lassen sich kaum empirische Fakten finden, die das Vorhandensein dieser Verzerrung belegen (vgl. ebd., 114). Es lässt sich nur vermuten, dass es auch in dieser Befragung zu einer geringfügigen Verzerrung gekommen ist, sodass möglicherweise Personen mit hohem Berufserfolg, die eher zu einer Teilnahmebereitschaft neigen, geringfügig überrepräsentiert sind.

5. Auswertung der Ergebnisse

Nachfolgend werden die Ergebnisse zu allen behandelten Themenblöcken der Absolventenbefragung berichtet.

5.1 Vor dem Studium

5.1.1 Hochschulzugangsberechtigung

Zur Aufnahme eines ersten berufsqualifizierenden Studiums an der WHZ berechtigt die allgemeine Hochschulreife, Fachhochschulreife, fachgebundene Hochschulreife, Zugangsprüfung, Meisterprüfung in einer dem Studiengang entsprechenden Fachrichtung, durch die Hochschule als gleichwertig anerkannte Qualifikation oder der schulische Teil der Fachhochschulreife und Berufsausbildung bzw. Berufspraxis (vgl. WHZ o.J., o.S.). Während die allgemeine Hochschulreife am Gymnasium erworben wird, erhalten Jugendliche an beruflichen Schulen, Fachoberschulen oder Fachschulen nach erfolgreicher Beendigung ihrer schulischen Laufbahn die Fachhochschulreife (vgl. Lenz et al. 2010, 35).

Die absolute Mehrheit aller Befragten (89%) der Jahrgänge 2000 bis 2003 verfügte bei Studienantritt über die allgemeine Hochschulreife. Knapp 8% der damaligen Studienanfänger wiesen die Fachhochschulreife und 3% die fachgebundene Hochschulreife vor. Auffallend war, dass es im gesamten Jahrgang 2001 unter den Befragten nicht einen Absolventen gab, der mit einer anderen Art der HZB als der allgemeinen Hochschulreife sein Studium in Zwickau begann.

Ein ähnliches Bild bietet sich in den folgenden Jahrgängen. Von Bedeutung sind nur die allgemeine Hochschulreife und die Fachhochschulreife und zwar im Jahrgang 2004 mit 74% und 23% und im Jahrgang 2005 mit 94% und 6%. Über die fachgebundene Hochschulreife gelangte demnach nur ein befragter Absolvent in den Studiengang Wirtschaftshispanistik an die WHZ.

Die *Erste Sächsische Absolventenstudie* des Sächsischen Kompetenzzentrums für Bildungs- und Hochschulplanung kommt bzgl. der Hochschulzugangsberechtigungen zu folgenden Ergebnissen: An sächsischen Fachhochschulen kommt mit 67% über-

wiegend die allgemeine Hochschulreife vor. 30% der Fachhochschulabsolventen haben das Studium mit der Fachhochschulreife aufgenommen und lediglich 3% mit der fachgebundenen Hochschulreife. Die Verfasser der Studie kommentieren dazu: „Der Weg über die zur Fachhochschulreife führenden Institutionen, insbesondere die Fachoberschule, ist in Sachsen bekanntermaßen geringer ausgeprägt“ (Lenz et al. 2010, 35). An Fachhochschulen in ganz Deutschland hatten im Jahr 2009 53% der Studierenden eine Hochschulzugangsberechtigung über das Abitur erworben, nahezu zwei Fünftel besitzen die Fachhochschulreife (38%) und jeder 12. verfügt über die fachgebundene Hochschulreife (8%) (vgl. Isserstedt et al. 2010, 57; Julke 2010).
Die sachsen- und deutschlandweiten Vergleiche lassen erkennen, dass die Studierenden an der Fakultät Sprachen überdurchschnittlich häufig das Abitur als Hochschulzugangsberechtigung aufweisen.

5.1.2 Berufliche Ausbildung

Auf die Frage, ob vor der akademischen Karriere bereits erfolgreich eine berufliche Ausbildung absolviert wurde, antwortete jeder Vierte der Jahrgänge von 2000 bis 2003 mit „Ja“ (24,3%). Die meisten, die eine vorakademische Berufsausbildung vorweisen konnten, waren Befragte der Jahrgänge von 2002, in denen über ein Drittel die Frage bejahte. Hingegen beantwortete lediglich ein Hispanist der Kohorte von 2001 diese Frage mit ‚ja‘. Durchschnittlich waren es unter allen Befragten am häufigsten Absolventen der Wirtschaftshispanistik, die bei Studienantritt bereits über einen erlernten Beruf verfügten. Von den Absolventen haben im Jahrgang 2004 37% und im Jahrgang 2005 22% vor Studienbeginn eine berufliche Ausbildung abgeschlossen. Diese Werte liegen sowohl unter dem sächsischen Durchschnitt von 44% als auch unter dem gesamtdeutschen Durchschnitt von 45% an Fachhochschulen (vgl. Lenz et al. 2010, 43 und Isserstedt et al. 2010, 59).

5.1.3 Gründe für das Studium an der WHZ

Um herauszufinden, welche Gründe für die damaligen Studienanfänger in den Jahren 2000 bis 2005 ausschlaggebend dafür waren, das Studium der Wirtschaftsfrankoromanistik, Wirtschaftshispanistik oder Wirtschaftssinologie in Zwickau aufzunehmen, wurden in der dritten Frage fünf verschiedene Aspekte aufgeführt:

- Nähe zum Wohnort der Eltern oder anderer Verwandter
- Attraktivität der Stadt oder der Region
- Ruf / Ansehen der Hochschule bei Arbeitgebern
- Praxisbezug der Ausbildung in meinem Fach
- Spezialisierungsmöglichkeiten in meinem Fach

Die ehemaligen Studierenden wurden gebeten, diese Motive mithilfe der fünfstufigen Intervallskala zu gewichten. Zusätzlich erhielten die Absolventen die Möglichkeit, eigene Punkte hinzuzufügen, die ihnen bei ihrer Entscheidung wichtig erschienen.
Das Ergebnis gestaltet sich über alle Jahrgänge und alle drei Studienrichtungen hinweg ähnlich: Die Ehemaligen bewerteten bei ihrer Studienentscheidung den Praxisbezug der Ausbildung und die Spezialisierungsmöglichkeiten in ihrem Fach als „(sehr) wichtig". Ebenfalls eine wichtige oder sogar sehr wichtige Rolle spielten die qualitativen Kommentare der Absolventen, welche als ‚Sonstiges' ergänzt wurden. Dabei sind besonders die Kombination der Studieninhalte Sprachen und Wirtschaft, der integrierte Auslandsaufenthalt sowie die Vielfalt des Sprachenangebots der Fakultät als wichtigste Gründe für die Aufnahme eines Studiums in Zwickau hervorzuheben.
Als (völlig) unwichtig galten hingegen die Nähe zum Wohnort der Eltern oder anderer Verwandter, die Attraktivität der Stadt oder der Region und die Reputation der Hochschule bei Arbeitgebern.

5.2 Während des Studiums

5.2.1 Fachlicher Studienschwerpunkt

Bei dieser Frage waren Mehrfachnennungen möglich, da die ehemaligen Studierenden mehrere fachliche Schwerpunkte für das Hauptstudium auswählen konnten.
Mehr als die Hälfte aller Diplomanden der Jahrgänge 2000 bis einschließlich 2003 (rund 54%) wählten Internationales Marketing zu ihrem Studienschwerpunkt. Knapp 42% schrieben sich für die Internationale Unternehmensführung/Controlling ein und 26% entschieden sich für Logistik. Die Ausnahme bildete ein Absolvent des Jahrgangs 2002, welcher Rechnungswesen belegte. Ähnlich war die Verteilung in den

folgenden Jahrgängen. 2004 entschied sich knapp die Hälfte (49%) für den Studienschwerpunkt Internationales Marketing, 50% waren es im Folgejahrgang. Daneben wählten 2004 44% die Spezialisierung im Bereich Internationale Unternehmensführung/Controlling und fast ein Drittel (33%) Logistik. 2005 änderte sich die Verteilung und Unternehmensführung/Controlling bzw. Logistik wurden von den damaligen Studierenden gleichermaßen zu je 40% gewählt.

Den Studenten war es möglich, zu ihrem eigentlichen Schwerpunktfach ein weiteres hinzu zu wählen. Dies realisierten knapp ein Viertel der Befragten der Jahrgänge 2000-2003, 2004 waren es 26% und 2005 bereits 28%. Werden die einzelnen Studiengruppen genauer betrachtet, fällt auf, dass kein Absolvent der Jahrgänge 2004 (Sinologie) und 2005 (Hispanistik) mehr als einen Studienschwerpunkt wählte.

Die Mehrzahl von ihnen belegte jeweils die Kombination Marketing und Unternehmensführung (2000-2003: 80%, 2004: 73%) Im letzten betrachteten Jahrgang, 2005, entschieden sich die Absolventen dabei ausschließlich für die Kombination Internationales Marketing und Internationale Unternehmensführung/Controlling.

2000-2003 gaben an vier Absolventen an, die Kombination Internationale Unternehmensführung und Logistik belegt zu haben (16%), 2004 waren es 18%. Zwischen 2000 und 2003 entschied sich ein Absolvent für die dritte Variante, indem er Internationales Marketing und Logistik kombinierte (4%), 2004 waren es schon 9%.

Auch in der Kategorie der Fächerkombinationen gab es einen Sonderfall. Er beinhaltete die Wahl eines Absolventen, Personalwirtschaft in Kombination mit Unternehmensführung/Controlling zu studieren. Dieser lobte in einer späteren Frage die Flexibilität der Fakultät dafür, dass er diesen Schwerpunkt hatte belegen können.

5.2.2 Studiensemester an einer ausländischen Hochschule und Auslandspraktikum

Der Anteil der Studierenden im Erststudium, die zum Zeitpunkt der Befragung im Rahmen der *19. Sozialerhebung des Deutschen Studentenwerks* bereits über einen studienbezogen Auslandsaufenthalt verfügt, beläuft sich auf 32%. Die überwiegende Mehrheit von ihnen „war an einer ausländischen Hochschule immatrikuliert (18%) und/ oder hat im Ausland ein studienbezogenes Praktikum durchgeführt (16%)“ (Isserstedt et al. 2010, 176). Da weitere 5% der Studierenden die feste Absicht hatten, in der Zukunft ein Studiensemester im Ausland zu absolvieren, kann davon ausgegangen werden, dass schätzungsweise 37% der Absolventen einen Teil ihres Studiums ins Ausland verlegt haben.

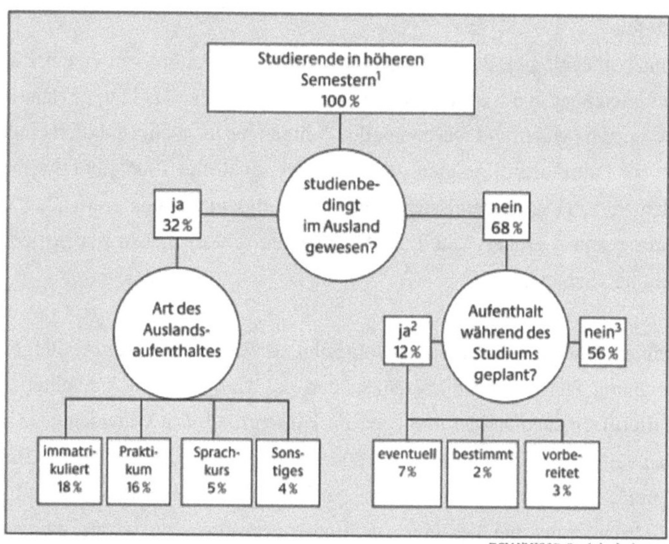

1 Universität o.ä. 9. bis 14. Semester, FH 7. bis 11. Semester
2 Summe der positiven Antwortkategorien „eventuell", „ganz bestimmt" und „vorbereitet"
3 Summe der Antwortkategorien „kein Interesse", „keine Chance" und „weiß nicht"

Abbildung 10: Studienbezogene Auslandsaufenthalte und Auslandspläne der Studierenden in traditionellen Studiengängen (in%) – Studierende im Erststudium in höheren Semestern, Mehrfachnennungen der Art des Aufenthalts möglich.
Quelle: Isserstedt et al. 2010, 177

Das Studium der Wirtschaftsfrankoromanistik, Wirtschaftshispanistik und Wirtschaftssinologie an der Fakultät Sprachen der WHZ integriert zwei obligatorische Auslandssemester in den regulären Ablauf: ein Studiensemester an einer ausländischen Partnerhochschule und ein Praxissemester außerhalb Deutschlands im Sprach- und Kulturraum der gewählten Zielsprache. Um das Studium erfolgreich zu bestehen, muss dementsprechend jeder Absolvent der Fakultät über Auslandserfahrung verfügen, was gleichzeitig ein großer Pluspunkt des Studiums ist, der auch von den Betroffenen so gesehen wird. Im Gegensatz dazu können nur 12% bzw. 17% der Absol-

venten sächsischer Fachhochschulen von sich behaupten, im Rahmen des Studiums bzw. eines Praktikums länger im Ausland gewesen zu sein.
Die ehemaligen Studierenden sollten in der sechsten und siebten Frage den Nutzen ihres Studiensemesters bzw. Praktikums im Ausland hinsichtlich verschiedener Kriterien einstufen.
Naturgemäß spiegelt sich der Nutzen eines Auslandsaufenthalts in einem Zugewinn an Kenntnissen über und Verständnis für andere Kulturen sowie in der Erlangung von Sprachkompetenz wider und wurde in allen Jahrgängen als (sehr) nützlich eingestuft. Mehr als ein Drittel der Befragten der Jahrgänge 2004 und 2005 sieht zwar darüber hinaus den Nutzen des Auslandsstudiums im Erwerb von fachübergreifenden Kompetenzen, ein genauso großer Anteil an Absolventen schätzt diesen Aspekt jedoch als (gar) nicht nützlich ein.

Die Orientierungshilfe bei der Berufswahl folgt an vierter Stelle des größten Nutzens. Die Aneignung fachlicher Kompetenzen und das Knüpfen von Kontakten für den späteren Berufseinstieg stehen hingegen im Hintergrund. Ein Unterschied wird zwischen den Jahrgängen 2000-2003 und 2004/2005 deutlich: schrieben die Befragten der früheren Jahrgänge dem Studium im Ausland noch sehr großen Nutzen hinsichtlich der Orientierung bei der eigenen Studiengestaltung zu, wurde dies von den Folgejahrgängen als weniger hilfreich eingestuft.

Nach dem Studium an einer Partnerhochschule der WHZ sah der Studienablaufplan im sechsten Studiensemester während des Hauptstudiums ein Pflichtpraktikum in einem Land einer Zielsprache (Chinesisch, Französisch, Spanisch) mit einer zusammenhängenden Dauer von mindestens 20 Wochen vor. Laut der *Ordnung über das berufspraktische Studiensemester im Ausland* wurden dabei folgende Ziele angestrebt:

> „(1) Die Studierenden sollen mittels der erworbenen Sprachkenntnisse und des interkulturellen Wissens die wirtschaftswissenschaftliche Theorie mit der beruflichen Praxis im Ausland verbinden.
>
> (2) Der Kontakt mit der späteren Berufswelt soll den Studierenden als Entscheidungsgrundlage für das Berufsleben dienen. Sie sollen breitgefächerten Einblick in die Praxis der betrieblichen Arbeitsgebiete erlangen und aktiv in die Arbeit der Praktikumsstelle einbezogen werden.

> (3) Mit diesem Praktikum und dem Aufenthalt im Ausland sollen die Studierenden intensiv auf den Umgang mit der Ziel-/ Unternehmenskultur vorbereitet werden. Sie sollen insbesondere die für den Einsatz im europäischen/internationalen Wirtschaftsraum notwendigen interkulturellen Kompetenzen erweitern." (WHZ 2003b, 3)

Weiterhin wurde den Studierenden auf diese Weise die Möglichkeit zum Herstellen von Kontakten zu eventuellen späteren Arbeitgebern gegeben (vgl. Lenz et al. 2010, 65). In Sachsen gaben 91% der befragten Fachhochschulabsolventen in der *Ersten Sächsischen Absolventenstudie* an, ein obligatorisches Praktikum während ihres Studiums absolviert zu haben (vgl. ebd., 65).

Der sehr große Nutzen des Pflichtpraktikums im Ausland während des Hauptstudiums zeigt sich für die Absolventen vor allem in den Aspekten, ihre Sprachkompetenz einzusetzen und zu verbessern, im Erwerb von Fachwissen sowie andere Kulturen zu kennen und zu verstehen. In den Jahrgängen 2000-2003 wurde der Aspekt Kulturverständnis während des Praktikums allerdings nur mit einer ‚3' eingestuft, also mittelmäßig. Der Jahrgang 2000 bewertete dieses Item für das Praktikum im Ausland sogar als eher unnütz.

Auch die Gelegenheit, sich interdisziplinäre Kompetenzen anzueignen, wird von den Absolventen rückblickend hoch geschätzt und brachte ihnen (sehr) großen Nutzen (2004/ 2005: 77%). Lediglich die Wirtschaftssinologen der Jahrgänge 2000 und 2002 waren hierbei anderer Meinung. Sie empfanden ihr Praktikum im chinesischsprachigen Kulturraum zur Aneignung von Präsentationsfähigkeiten, Teamarbeit und Zeitmanagement nur als mittelmäßig nützlich.

Als (sehr) nützlich reflektieren 72% der ehemaligen Studierenden (2004/ 2005) das berufspraktische Semester als Orientierungshilfe bei der Berufswahl. Die Absolventen der vorhergehenden Jahrgänge empfanden das Praktikumssemester zusätzlich als nützliche Orientierungshilfe für die Studiengestaltung, was sich 2004/ 2005 nicht bestätigte und als (gar) nicht nützlich eingestuft wurde. Das Knüpfen von Kontakten für den späteren Berufseinstieg befürworten gut zwei Fünftel der Befragten (2004/ 2005), wobei darauf hingewiesen sei, dass deutlich mehr als die Hälfte dieser Option entweder neutral gegenübersteht oder sie als (gar) nicht nützlich einschätzt.

Zusammenfassend zeigt sich in den geschilderten Ergebnissen die Erfüllung der durch die Fakultät erhofften Ziele des obligatorischen Praktikums im Ausland, das Auslandspraktikum wurde von allen Jahrgängen als sehr nützlich bewertet. Erfolgt beim Auslandsaufenthalt keine Unterscheidung in Studium bzw. Praktikum, liegt der größte Nutzen der beiden Semester für die Absolventen eindeutig im Kennenlernen und Verstehen einer anderen Kultur[8] und im Erwerb und der Verbesserung der Sprachkompetenz. Wegen des internationalen Profils der Studiengänge, in denen neben dem Erlernen von Fremdsprachen auch die interkulturelle Kommunikation und das interkulturelle Management eine hervorgehobene Rolle spielen, sind diese Schwerpunkte das Herzstück dieser Studiengänge.

5.2.3 Freiwilliges Praktikum

Die Mehrheit der Absolventen aller Jahrgänge war während ihres Studiums neben dem obligatorischen Praxissemester in einem zusätzlichen freiwilligen Praktikum tätig. Von den 103 befragten Absolventen der Jahrgänge 2000 bis 2003 absolvierten 60 (58%) ein weiteres freiwilliges Praktikum. Betrachtet man die vier Jahrgänge gesondert, fällt eine Entwicklung weg vom Ablehnen hin zum Durchführen freiwilliger Praktika auf. Lag der Prozentsatz derer, die ein zusätzliches Praktikum absolvierten bei den Alumni von 2000 noch bei etwa 44%, so war er ein Jahr später schon um ca. 4% gestiegen. Vom Jahrgang 2002 entschieden sich schon deutlich mehr dafür (knapp 60%), bei den Ehemaligen der 2003er Studiengruppen gaben bereits zwei von drei Absolventen an, ein Extra-Praktikum durchgeführt zu haben. Diese Tendenz setzt sich auch in den Folgejahren fort. Damit liegen die befragten Absolventen deutlich über dem Durchschnitt von 30% der Ehemaligen sächsischer Hochschulen, die sowohl Pflicht- als auch freiwilliges Praktikum während des Studiums durchführten (vgl. Lenz et al. 2010, 65). Bei den einzelnen Studiengängen überrascht die Studienrichtung Wirtschaftssinologie im Jahrgang 2005 mit der sichtbarsten Ausprägung. 78% der befragten Personen geben hier an, ein solches fakultatives Praktikum absolviert zu haben, womit jedoch nur je ein Drittel der Kommilitonen in den Fächern Wirtschaftsfrankoromanistik und Wirtschaftssinologie desselben Jahrgangs übereinstimmt.

Wird nach den Gründen für das zusätzliche Praktika gefragt, so sind sich die Studierenden einig: Es sollte dem Sammeln praktischer Erfahrungen und der beruflichen Weiterqualifizierung dienen, den eigenen Lebenslauf aufwerten und der persönlichen

---

8 Ob und wie sich das Verständnis der anderen Kultur eingestellt hat wird seit einigen Semestern in Nachbereitungsseminaren bearbeitet und wurde von mehreren Diplomanden theoretisch und praktisch untersucht, vgl. Bertz 2010, Lauterbach 2010, Richter 2011, da Silva 2010.

Weiterentwicklung helfen. Waren es im Jahrgang 2002 noch 38% der Befragten, erhoffte sich über die Hälfte der Befragten der Jahrgänge 2004/ 2005 außerdem ein Diplomarbeitsthema in dem Unternehmen/der öffentlichen Einrichtung/der NGO. Generell entschieden sich die wenigsten aus finanziellen Gründen für ein solches zusätzliches Praktikum.

5.2.4 Diplomarbeit

Es ist den Studierenden der Fakultät nach wie vor selbst überlassen, ob sie ihre Abschlussarbeit in einem Unternehmen, an öffentlichen Einrichtungen, NGOs oder an der Hochschule schreiben.
Im Schnitt entschieden sich die ehemaligen Studierenden mehrheitlich für ein Thema außerhalb der Hochschule. Vergleicht man die Jahrgänge untereinander, stellt man jedoch fest, dass Absolventen, die ihr Studium in den Jahren 2000 und 2003 aufnahmen, ihre Arbeit häufiger an der Hochschule schrieben. In den Jahrgängen 2000 und 2002 entschieden sich jeweils drei Viertel der Befragten für eine Diplomarbeit in einem Unternehmen. Auch in den Jahrgängen 2004 und 2005 bevorzugte die Mehrheit der Befragten (64%) die Abschlussarbeit in der Arbeitswelt zu schreiben. Ausnahmen bildete die Gruppe der Diplom-Wirtschaftssinologen von 2003. Hier wählten ca. 78% die Hochschule zum Verfassen ihrer Diplomarbeit. Ein ähnliches Bild liegt für die Gruppe der Wirtschaftshispanisten im Jahrgang 2005 vor: Von den drei Befragten entschied sich nur eine Person für die Diplomarbeit außerhalb der Hochschule.
Einen Zusammenhang zwischen den beiden nominalen Merkmalen ‚freiwilliges Praktikum' und ‚Diplomarbeit außerhalb der Hochschule' herzustellen, ist durchaus möglich. Beide sind dichotom, das heißt sie haben jeweils zwei Ausprägungen – entweder „ja" oder „nein". Zusammenhänge zwischen dichotomen Merkmalen werden mit dem Phi-Koeffizienten (r_{phi}) gemessen und können anhand einer Vier-Felder-Tafel errechnet werden. Im Jahrgang 2003 Wirtschaftsfrankoromanistik beispielsweise gab es jeweils neun Ehemalige, die ein weiteres Praktikum absolviert und ihre Abschlussarbeit in einem Unternehmen geschrieben hatten. Aber nur sieben Befragte bejahten beides. Bei dieser Gruppe konnte insgesamt der höchste Zusammenhang zwischen den zwei Merkmalen festgestellt werden. r_{phi} betrug jedoch nur 0,28 und deutet auf einen schwachen Zusammenhang hin. Bei den Absolventen der Jahrgänge 2004

bzw. 2005, die während des Studienverlaufs zusätzlich ein freiwilliges Praktikum absolviert haben, beträgt der Anteil derer, die die Diplomarbeit fernab der Hochschule schreiben, sogar 92% bzw. 80%. Hierfür liegen die beiden Korrelationskoeffizienten r_{phi} von 0,7 (2004) und 0,4 (2005) vor. Ersterer deutet auf einen starken Zusammenhang, letzterer jedoch auf einen schwachen bis mittleren.
Insofern können anhand der ermittelten Daten sehr wohl Aussagen darüber getroffen werden, wie viele Absolventen mit freiwilligem Praktikum auch ihre Diplomarbeit außerhalb der Hochschule schrieben. Jedoch – und das ist der Nachteil daran – kann man nur darüber spekulieren, ob sich bei diesem Teil der befragten Personen die Hoffnung erfüllt hatte, ein Diplomarbeitsthema beim Praktikumsgeber zu finden. Dies kann nicht nachgewiesen werden, da nicht explizit danach gefragt wurde.

5.2.5 Studiendauer

Die Frage nach Monat und Jahr des Studienabschlusses wurde den Absolventen gestellt, um mithilfe dieser Angaben zu berechnen, ob sie das Studium in der dafür vorgesehenen Regelstudienzeit beendet haben, d.h. wie lange die Absolventen vom Beginn des Studiums bis zur erfolgreichen Diplomverteidigung brauchten. Die Einhaltung der Regelstudienzeit, die für die drei Diplomstudiengänge im § 25 der Diplomprüfungsordnung geregelt ist (vgl. WHZ 2003a, 18), „wird immer wieder als Indikator für ein gutes Studium angeführt“ (Lenz et al. 2010, 70). In den Jahrgängen 2000-2003 konnten insgesamt nur 12% der ehemaligen Studierenden die vorgesehene Regelstudienzeit von acht Semestern einhalten. Von den ehemaligen Studierenden des Jahrgangs 2004 ist dies 7%, 2005 11% gelungen. Jeder Jahrgang wies eine Gruppe auf, in der kein Absolvent die Regelstudienzeit einhalten konnte, beispielsweise die befragten Wirtschaftssinologen des Jahrgangs 2004 und die Wirtschaftshispanisten des Jahrgangs 2005. Die meisten Akademiker aller Jahrgänge haben dem Studium neun oder zehn Semester gewidmet. Bis 2003 waren es 28%, die erst im elften bzw. zwölften Studiensemester abschlossen. Durchschnittlich die meiste Zeit für ihre Ausbildung an der Fakultät nahmen sich dabei die Studierenden der Wirtschaftsfrankoromanistik des Jahrgangs 2000. Drei von vier Befragten beendeten ihr Studium erst im elften bzw. zwölften Semester.

Dieses Resultat widerspricht dem Ergebnis der *Ersten Sächsischen Absolventenstudie* deutlich, wonach Absolventen mit Fachhochschuldiplom in 28% der untersuchten Fälle die Regelstudienzeit einhielten. Die Untersuchung hatte herausgefunden, dass die Regelstudienzeit an Fachhochschulen sehr häufig – von 33% der Befragten – aufgrund bewusster Planung der Studierenden überschritten wurde. Die Motive für die verlängerte Studiendauer sind vielfältiger Natur, da neben den gegebenen Rahmenbedingungen auch individuelle Faktoren einen starken Einfluss haben, welche nicht direkt mit dem Studium zusammenhängen (vgl. Lenz et al. 2010, 71 f.). Als mögliche Beispiele kommen Umfang und Menge des Lernstoffs, nicht bestandene Prüfungen oder Erwerbstätigkeit neben dem Studium zur Studienfinanzierung in Frage, die knapp ein Viertel (23%) der Fachhochschulabsolventen in Sachsen zu einem Überschreiten der Regelstudiendauer zwang. Welche Gründe für das Abweichen von der Regelstudienzeit für die Befragten an der WHZ ausschlaggebend waren, muss spekulativ bleiben, da keine Frage der Absolventenstudie darauf abzielte. Denkbar und naheliegend ist die Verlängerung des Studiums in Verbindung mit der Entscheidung für ein freiwilliges Praktikum außerhalb der Hochschule. Auch hier wurde die Vier-Felder-Korrelation mit den zwei dichotomen Merkmalen ‚freiwilliges Praktikum' und ‚eingehaltene Regelstudienzeit' genutzt. Die Beträge der Korrelationskoeffizienten r_{phi} von 0,2 (2004) bzw. 0 (2005) zeigen überraschenderweise einen sehr schwachen bzw. praktisch nicht vorhandenen Zusammenhang der beiden Merkmalsausprägungen. Dieses Ergebnis schwächt für die untersuchten Kohorten die Behauptung ab, nach der die auch über dem Durchschnitt der WHZ liegende Studiendauer ihrer Absolventen auf „eingefügte zusätzliche Praktika in der Wirtschaft in Deutschland" zurückzuführen sind (vgl. WHZ 2007, 4). Ebenso unmöglich war es sowohl im Jahrgang 2004 als auch 2005, eine Korrelation zwischen den Merkmalen ‚Diplomarbeit außerhalb der Hochschule' und ‚eingehaltene Regelstudienzeit' zu bestätigen (r_{phi} = 0 bzw. 0,1). Eine dritte Korrelationsüberprüfung wurde mit den Eigenschaften ‚Erwerbstätigkeit außerhalb der Hochschule' und ‚eingehaltene Regelstudienzeit' unternommen. Auch hier zeigt sich für die Jahre 2004 und 2005 (r_{phi} = 0,1 bzw. 0,2) nur ein sehr schwacher Zusammenhang.

5.2.6 Studienerfolg

Die befragten Personen wurden gebeten, die Gesamtnote ihres Studiums, als weiteren Indikator für ein erfolgreiches Studium, mitzuteilen. Diese wurden bei der Auswertung den verschiedenen Gesamtprädikaten der Diplomprüfung zugeordnet[9].
Zunächst gilt festzuhalten, dass keiner der befragten ehemaligen Studierenden bis zum Jahrgang 2004 ein schlechteres Gesamtprädikat als ‚gut' (1,6 – 2,5) erreichte. In den befragten Jahrgängen 2000-2003 verdiente sich knapp ein Drittel aller Absolventen ein ‚sehr gut' (1,0-1,5), d.h. 68% der Akademiker erhielten am Ende ein ‚gutes' Diplom. 2004 änderte sich dieses Ergebnis: 54% ‚sehr gut' zu 46% ‚gut'. Bei ehemaligen Studierenden des Jahrgangs 2005 wurde dieses Verhältnis noch ausgewogener. Außerdem wurde einem Diplom-Wirtschaftshispanisten (FH) das Gesamtprädikat ‚befriedigend' (2,6-3,5) erteilt.
Der Jahrgang 2000 wies bei dieser Frage eine signifikant höhere Zahl ‚sehr guter' Absolventen auf (75%). Möglicherweise kam es hier zu einer Verzerrung des Ergebnisses in Richtung besonders erfolgreicher Alumni, da diese vielleicht eher bereit waren, an der Befragung teilzunehmen.
Verglichen mit den Ergebnissen der *Ersten Sächsischen Absolventenstudie*, wonach nur jeder vierte Absolvent sächsischer Hochschulen eine sehr gute Studienabschlussnote besitzt, weist die Fakultät Sprachen damit einen überdurchschnittlichen, mehr als doppelt so hohen Anteil an Absolventen mit entsprechendem Prädikat auf. Die am häufigsten auftretende Gesamtnote unter allen Befragten der Jahrgänge 2000-2003 (Modalwert) war die 1,7, die in den Bereich des ‚guten' Prädikats gehört. Der Modalwert für die folgenden beiden Jahrgänge beträgt 1,3.

5.2.7 Studienfinanzierung

In allen Jahrgängen finanzierte sich die überwiegende Mehrheit von ca. 44% der Studierenden mithilfe der Unterstützung durch Eltern und Verwandte. Dies liegt etwa im Durchschnitt der neuen Länder (46%). Es folgt ca. ein Drittel der Befragten, welches zu Leistungsempfängern nach dem Bundesausbildungsförderungsgesetz (BAföG) ge-

9 Die entsprechenden Hinweise dazu und die Notengrenzen finden sich in den §§ 9, 21 der *Diplomprüfungsordnung* des jeweiligen Studiengangs.

hörte. Damit lagen die Ehemaligen der Fakultät deutlich über dem bundesdeutschen Durchschnitt, der laut der 19. Sozialerhebung des Deutschen Studentenwerks (2009) bei 24% lag. Einer Erwerbstätigkeit außerhalb der Hochschule gingen bis zum Jahrgang 2003 17% der Befragten nach, in den Folgejahrgängen stieg dieser Anteil auf 20%. Dabei entsprechen die Angaben der Ehemaligen ca. dem ostdeutschen Mittel.
Die weiteren Möglichkeiten ,durch Ehepartner', ,Stipendien', ,durch Tutor- oder Hilfskraftjobs an der Hochschule' oder Studienkredit, Studentenausbildungsfonds, Berufsunfähigkeitsversicherung, eigene Ersparnisse als ,Sonstiges' fallen bei der Studienfinanzierung kaum ins Gewicht und wurden entweder nur von einer Person angeführt oder gar nicht ausgewählt. Auch diese Angaben korrespondieren mit bundesdeutschen Durchschnittswerten: Beispielsweise wurde von einer Person aus dem Jahrgang 2005 ein Studienkredit als Finanzierungsquelle genannt (6%). Dieser deckt sich mit dem Durchschnittswert der neuen Länder von knapp 5%. (vgl. Isserstedt et al. 2010, 228; Leszczensky 2010).

5.3 Bewertung des Studiums

5.3.1 Der Nutzen einzelner Elemente des Studienprogramms für die bisherige Berufstätigkeit

In diesem Abschnitt der Befragung wurden die Graduierten gebeten, den Nutzen bestimmter Aspekte des Curricuums in Bezug auf ihre bisherige berufliche Tätigkeit zu bewerten. Insgesamt sollten neun Elemente eingeschätzt werden.
In den Jahrgängen bis 2003 wurden die Breite des Lehrangebots, Spezialisierungsmöglichkeiten sowie Auslandsstudium und -praktikum mit jeweils ,4 – nützlich' eingestuft. Umfrageteilnehmer des Jahrgangs 2001 Wirtschaftssinologie bewerteten den gesamten Auslandsaufenthalt sogar als ,sehr nützlich'. Alle anderen Studienprogrammpunkte wurden insgesamt als mittelmäßig nützlich angesehen. Dies fällt auch bei den befragten Absolventen der Jahrgänge 2004/ 2005 auf: sie entschieden sich die bei vielen Aspekten des Studiums für die neutrale Bewertung. Dies gilt 2004 bei sechs Merkmalen und 2005 bei fünf der insgesamt neun Bewertungskriterien. Als (sehr) nützlich kristallisieren sich erwartungsgemäß wie auch in den vorhergehenden Jahrgängen das Auslandsstudium und -praktikum heraus. Daneben erscheint der Pra-

xisbezug der Lehre der Mehrheit der heutigen Akademiker des Jahrgangs 2004 als nützlich, für die Gruppe 2005 haben sich zusätzlich die Breite des Lehrangebots wieder als nützlich erwiesen für ihre bisherige Berufstätigkeit.

5.3.2 Studienentscheidung aus heutiger Sicht

Die retrospektive Bewertung des Studiums bündelt die erlebten Erfahrungen der ehemaligen Studierenden aus dem Verlauf ihrer Bildungsbiografie und der Phase des Berufseinstiegs und zeigt vom subjektiven Standpunkt jedes Einzelnen, „ob sich Studieren lohnt bzw. gelohnt hat“ (Lenz et al. 2010, 75). Die Frage nach der Studienentscheidung aus heutiger Sicht wurde in vier Teilaspekte gegliedert.

- Würden sich die Absolventen heute wieder für ein Studium entscheiden?
- Würde ihre Wahl erneut auf die Fächer Wirtschaftsfrankoromanistik, Wirtschaftshispanistik oder Wirtschaftssinologie fallen?
- Würden sie noch einmal ein Fachhochschulstudium auswählen?
- Und schließlich: Käme die WHZ dafür ein zweites Mal in Frage?

Die Antworten auf alle vier Fragen gestalten sich eindeutig: Die deutliche Mehrheit würde ihre Entscheidungen in Bezug auf ein Studium an sich, das Studienfach, die FH als gewählten Hochschultyp und die WHZ wiederholen.

Die meisten Befragten bewerten ihre Bildungsentscheidung damit als richtig. An dieser Stelle seien noch einige interessante Punkte hervorgehoben:

Bis in den Jahrgang 2003 hinein würden 87% der Absolventen denselben Hochschultyp wieder zu wählen und 60% das Studium wieder an der WHZ aufnehmen. Elf der dreizehn befragten Wirtschaftsfrankoromanisten des Jahrgangs 2002 würden sich aktuell erneut in ihr Studienfach einschreiben. Im Jahrgangs 2004 hingegen behaupten dies nur gut drei Fünftel. Hingegen im darauffolgenden Jahrgang erstaunliche 100%, ebenso wie alle befragten Absolventen der Kohorte der Wirtschaftshispanisten desselben Jahrgangs.

Bei der Gruppe der Sinologen es Jahrgangs 2004 und allen Studiengruppen des Jahrgangs 2005 würde heute jede Person erneut studieren. Die drei Befragten der Wirtschaftshispanisten des Jahrgangs 2005 scheinen mit ihren Entscheidungen sehr zufrieden zu sein, sie alle beantworteten jede Teilfrage mit ‚ja’.

In Abbildung 11 wird der relative Anteil der Befürworter ihrer Studienentscheidung für die Jahrgänge 2004 und 2005 grafisch aufgearbeitet. Dazu erscheint als jeweils erste Säule links der durchschnittliche Wert von Absolventen sächsischer Fachhochschulen, der von der *Ersten Sächsischen Absolventenstudie* ermittelt wurde (vgl. Lenz et al. 2010, 76). Das Diagramm zeigt, dass sich die Antworten der befragten Ehemaligen an der WHZ denen anderer Alumni von Fachhochschulen in ganz Sachsen in ihrer Merkmalsausprägung sehr ähneln.

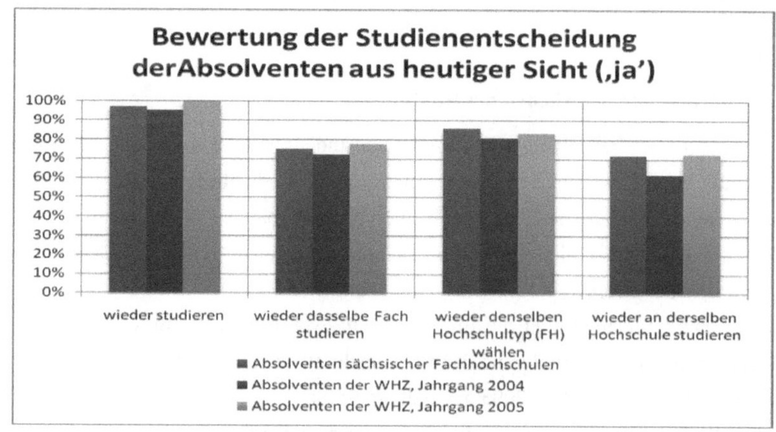

Abbildung 11: Bewertung der Studienentscheidung aus heutiger Sicht (2004/ 2005; in%) – ‚ja'

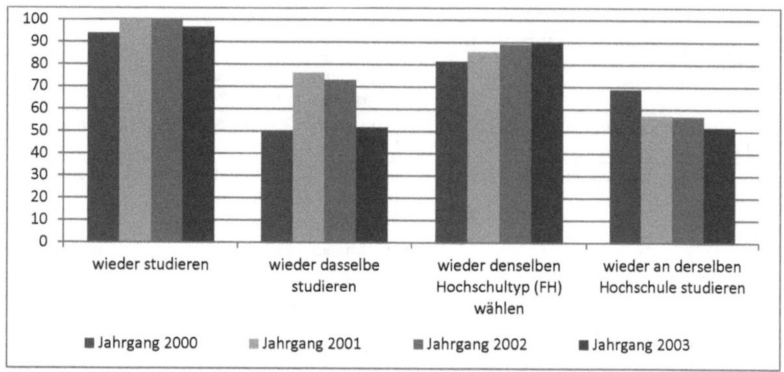

Abbildung 12 : Bewertung der Studienentscheidung aus heutiger Sicht (2000-2003; in%) – ‚ja'

Diese Zahlen werden insgesamt als sehr hohe Zustimmung zum Studium an der WHZ und ihrer Fakultät SPR gewertet. Trotzdem sei an dieser Stelle nochmals vor einer möglichen Verzerrung gewarnt: Erfolgreiche und damit eventuell auch zufriedenere Absolventen könnten eher dazu geneigt gewesen sein, an der Befragung teilzunehmen. Selbst wenn dieses Verzerrungsrisiko in gleichem Maße auf alle Hochschulen zuträfe und damit „für Vergleiche untereinander keine Bedeutung hätte, sollten die absoluten Prozentzahlen eher als Höchstwerte interpretiert werden" (Beblo/ Kaiser 2010, 380).

5.3.3 Stärken und Schwächen des Studiums

Eine bedeutende Zielstellung von Absolventenstudien ist es, Stärken und Schwächen des Studiums aufzuzeigen. Für die Optimierung der Studienbedingungen sind die Informationen aus erster Hand der Absolventen unabdingbar.

Die Befragten nahmen die Möglichkeit, sich ohne Vorgaben frei dazu zu äußern, rege an ($n_{Stärken} = 56$, $n_{Schwächen} = 52$, Mehrfachnennungen möglich).

Zur Veranschaulichung sind die Ergebnisse in zwei Tabellen dargestellt. In diesen werden zunächst die Vorteile und dann die Nachteile jeweils für die Gruppe der Jahrgänge 2000-2003 und 2004/ 2005 gegenübergestellt.

In Tabelle 3 stehen sich zunächst die Vorteile der beiden Gruppen gegenüber, jeweils abnehmend nach der Anzahl ihrer Nennungen.

Stärken	
Jahrgänge 2000-2003	Jahrgänge 2004 und 2005
integrierter Auslandsaufenthalt (31-mal)	Kombination der Studieninhalte Sprachen und Wirtschaft (21-mal)
Kombination der Studieninhalte Sprachen und Wirtschaft (25-mal)	integrierter Auslandsaufenthalt (21-mal)
intensive Betreuung durch überschaubare Studentenzahlen (14-mal)	intensive Betreuung durch überschaubare Studentenzahlen (13-mal)
Sprachausbildung (14-mal)	Sprachausbildung (7-mal)
Praxisnähe (12-mal)	fachliche Breite des Lehr- und Studienangebots (6-mal)
Interdisziplinarität (10-mal)	Vermittlung interkultureller Kompetenzen (6-mal)
Vermittlung interkultureller Kompetenzen (10-mal)	Praxisbezug (6-mal)
Qualität der Lehre (Dozenten, Methoden) (9-mal)	Studienbedingungen (4-mal)

fachliche Breite des Lehr- und Studienangebots (6-mal)	Studienschwerpunkte (4-mal)
Dekanat und Studienablauf/-organisation (5-mal)	Präsentationen als Lehrform (3-mal)
Internationalität der Fakultät (5-mal)	fachliche Kompetenz des Lehrpersonals (2-mal)
Infrastruktur (4-mal)	Organisation des Studienablaufs (2-mal)
Studienschwerpunkte (4-mal)	Einzigartigkeit des Studiengangs (1-mal)
Wirtschaftswissenschaften (3-mal)	
Anwesenheitspflicht (1-mal)	

Abbildung 13: Stärken des Studienangebots. Gegenüberstellung der Ergebnisse der Jahrgänge 2000-2003 und 2004/2005

Es wird deutlich, dass sich die beiden meistgenannten Stärken des Studiums mit den Kategorien der häufigsten qualitativen Kommentare zu Frage 3 decken: ‚Kombination der Studieninhalte Sprachen und Wirtschaft' sowie ‚integrierter Auslandsaufenthalt'. Die Erwartungen der damaligen Studienanfänger scheinen demnach erfüllt worden zu sein.

23% der Ehemaligen betonen die intensive Betreuung der Studierenden an der Fakultät, den guten Kontakt und die Nähe zu den Lehrenden dank der überschaubaren Studentenzahlen, was sicherlich besonders der Kommunikation im Sprachunterricht zugutegekommen ist. Darüber hinaus lobten viele Absolventen die familiäre Atmosphäre innerhalb der kleinen Studiengruppen sowie die offene und flexible Einstellung der Professoren, Lehrkräfte und Mitarbeiter. Die sehr gute Sprachausbildung folgt an vierter Stelle mit sieben Nennungen, bevor sich die fachliche Breite des Lehr- und Studienangebots als weitere Stärke anschließt.

Schwächen	
Jahrgänge 2000-2003	Jahrgänge 2004 und 2005
fehlender Praxisbezug (26-mal)	häufiger Vorlesungsausfall (14-mal)[10]
oberflächliche Behandlung wirtschaftswissenschaftlicher Inhalte (22-mal)	oberflächliche Behandlung wirtschaftswissenschaftlicher Inhalte (14-mal)
Sprachausbildung (12-mal)	geringe Auswahl wirtschaftswissenschaftlicher Spezialisierungsmöglichkeiten[11] (13-mal)
Qualität der Lehre/Lehrkräfte (12-mal)	Sprachausbildung (11-mal)

10 Diese Klage bezog sich hauptsächlich auf ein einzelnes Fach und konnte inzwischen durch Personalwechsel behoben werden.

11 Hierzu muss gesagt werden, dass die damaligen Defizite hinsichtlich der Wahlmöglichkeiten nun behoben sind und ein breiteres Spektrum zur Verfügung steht, aber natürlich können je nach Personalsituation nicht immer alle individuellen Wünsche berücksichtigt werden.

geringe Auswahl wirtschaftswissenschaftlicher Spezialisierungsmöglichkeiten (9-mal)	fehlender Praxisbezug (9-mal)
Vorbereitung auf/Betreuung im Auslandsjahr (8-mal)	Bekanntheit des Studiengangs und des akademischen Abschlusses (4-mal)
Zusammenarbeit der Fakultäten Sprachen und Wirtschaftswissenschaften (6-mal)	Qualität der Lehrveranstaltungen (4-mal)
Curriculum und Organisation (5-mal)	Zusammenarbeit der Fakultäten Sprachen und Wirtschaftswissenschaften (4-mal)
Wissenschaftliches Arbeiten (5-mal)	Studienbedingungen (3-mal)
Bekanntheit des Studiengangs, akademischen Abschlusses (4-mal)	Betreuung (2-mal)
häufiger Vorlesungsausfall (4-mal)	zu starke Fokussierung auf die Automobilbranche (1-mal)
Drittsprachen (3-mal)	
Reputation der Hochschule (3-mal)	
Standort-/Studienbedingungen (3-mal)	
Akademische Laufbahn/Promotion (2-mal)	

Abbildung 14: Schwächen des Studienangebots. Gegenüberstellung der Ergebnisse der Jahrgänge 2000-2003 und 2004/2005

Die am häufigsten genannten Schwächen, fehlender Praxisbezug und oberflächliche Behandlung von Lehrinhalten[12] sind besonders auffällig, da genau diese Aspekte (sehr) wichtige Anlässe für ein Studium in Zwickau waren. Auffällig ist auch, dass die Kategorie ‚Sprachausbildung' ebenfalls auf der Seite der Schwächen relativ weit oben erscheint. Einige Absolventen bemängelten hier die methodischen Vorgehensweisen der Lehrkräfte für Wirtschaftssinologie[13]. Außerdem ist fast 30% der Absolventen (2004/ 2005) der häufige Vorlesungsausfall in Erinnerung geblieben. Insbesondere die Instabilität im Lehrkörper Wirtschaftsfranzösisch wird hierbei bemängelt. Die damalige Leitung der Fakultät Sprachen nahm dazu wie folgt Stellung: „Lediglich durch die häufige Erkrankung einer Professorin für Französisch im WS 05/06 entstand eine Situation, die für die Studierenden sehr unbefriedigend hinsichtlich des Lernfortschritts war" (WHZ 2007, 10). Insgesamt 22 ehemalige Studierende kritisieren außerdem die damals geringe Auswahl wirtschaftswissenschaftlicher Spezialisierungsmöglichkeiten im Hauptstudium. Dem wurde, wie vielen anderen der genannten Schwächen, wie z. B. der mangelnde Bekanntheitsgrad der Studiengänge oder Kriti-

12 Es sei angemerkt, dass die fehlende Praxisnähe und die teilweise zu oberflächlich behandelten Themen vor allem bei wirtschaftswissenschaftlichen Veranstaltungen kritisiert wurden. Der gleichzeitigen Forderung nach größerer Breite und größerer Tiefe des Lehrangebots kann allerdings nur schwer entsprochen werden.

13 Das Fach Chinesisch erlebte einen großen personellen Wandel, da beide Professuren seitdem neu besetzt wurden und eine zusätzliche Lehrkraft in Aussicht gestellt wurde.

ken am Curriculum bzw. der Studienorganisation, im Zuge des Bologna-Prozesses und der Umstellung auf die neuen Bachelor-Studiengänge entgegengewirkt. Dank umfassender baulicher Maßnahmen am Campus Scheffelstraße, inklusive des im Jahr 2006 eingeweihten Multimedialabors sowie des Selbstlernzentrums, verbesserten sich auch die Standort- und Studienbedingungen in den letzten Jahren enorm. Der dritte Teil der 17. Frage des Fragebogens hieß ‚Sonstiges'. Bei dieser Kategorie, ebenso wie bei Studienbedingungen, Studienschwerpunkten, Praxisbezug, Betreuung und Organisation, gehen die Meinungen der Ehemaligen auseinander, weshalb diese Überbegriffe in derselben oder ähnlichen Form sowohl bei den Stärken als auch bei den Schwächen zu finden sind.

Beispielsweise wurde erneut auf den mangelnden Praxisbezug und die Findung eines besseren Gleichgewichts zwischen der Vielfalt und der Tiefe mancher Fächer hingewiesen. Das Problem der geringen Bekanntheit der Studiengangbezeichnung und des akademischen Abschlusses wurde mit Einführung des Bachelorstudiengangs sicherlich verbessert.[14]

Insgesamt decken sich die Antworten der Absolventen mit denen von 175 Studierenden, die Anfang 2007 im Rahmen einer Befragung zur Qualität der Lehre an der Fakultät Sprachen teilnahmen (vgl. WHZ 2008, 16). Nicht wenige der Ehemaligen bemerkten, dass sie gern an ihre Studienzeit im Haus 1, inmitten eines schönen und natürlichen Umfelds zurückdenken. Auch konstruktive Vorschläge zur Verbesserung des Studiums wurden in dieser Spalte vermerkt. Diese wurden in die Auswertung des folgenden Themenabschnitts einbezogen.

5.3.4 Anregungen zu Veränderungen des Hochschulstudiums

Neben der Frage nach möglichen Veränderungen des Hochschulstudiums wurden einige Vorschläge schon als ‚Sonstiges' im vorhergehenden Item genannt. Dazu zählen beispielsweise das Einbinden ausländischer Studierender in die Vorlesungen, oder die Idee, Englisch von einem Muttersprachler unterrichten zu lassen. Hinsichtlich der Drittsprache gab es widersprüchliche Vorschläge, manche bevorzugten eine Fokussierung, andere eine Abwahl der Drittsprachen. Bereits von den Absolventen der

14 Seit 2007 wurde ein BA-Studiengang mit dem Namen Languages and Businessadministration eingeführt mit den Länderschwerpunkten chinesischsprachiger Kulturraum, hispanophoner und frankophoner Kulturraum.

Jahrgänge 2000-2003 wurde die Implementierung einer Datenbank zu potentiellen Themen für Abschlussarbeiten vorgeschlagen, oder das Anbieten eines Doppelabschlusses in Kooperation mit einer ausländischen Partnerhochschule[15]. Die Wünsche der Ehemaligen zeigen vor allem Eins: den Drang nach noch vielfältigerer und tiefergehender akademischer Qualifizierung.
Ein Bereich war die Vermittlung praktischer Informatikkenntnisse. Dabei wurden Excel-, Powerpoint-, Access- und SAP-Lehrgänge als verpflichtende Module für alle Studierenden angeregt, da die bisherige Informatik-Ausbildung (bis Jahrgang 2003) den Ansprüchen des Arbeitsmarkts nicht gerecht werde. Zum anderen ist der Wunsch nach einer größeren Auswahl an Spezialisierungsmöglichkeiten und Studienfächern geäußert worden (hier wurden neben wirtschaftswissenschaftlichen Bereichen z.B. auch Erwachsenenpädagogik, Psychologie und Tourismus genannt) oder einer intensiveren Ausbildung im Studienschwerpunkt. In der ersten untersuchten Gruppe der Jahrgänge 2000-2003 schlugen 29 Absolventen vor, mehr praxisorientierte Fallbeispiele und Projekte in die Wirtschaftsvorlesungen einzubinden. Die Befragten der Jahrgänge 2004/ 2005 gehen sogar noch einen Schritt weiter: an erster Stelle der verbesserungswürdigen Punkte wird von ihnen ein höherer Praxisbezug des Studiums gefordert, teilweise sogar in Form eines zweiten obligatorischen Praktikums. 15 Absolventen (2000-2003) regten dazu an, die Wirtschaftsfächer auch in englischer, französischer, spanischer oder chinesischer Sprache anzubieten. Wie schon bei den Schwächen des Studiums wird auch an dieser Stelle in der zweiten Grupppe (2004/ 2005) eine engere Zusammenarbeit zwischen den Fakultäten SPR und Wirtschaftswissenschaften eingefordert. Einige Ehemalige der Fakultät meinten, man sollte vermehrt Kontakte zur Wirtschaft herstellen und die bereits bestehenden intensivieren.
Während in der ersten befragten Gruppe zahlreiche Absolventen sehr zufrieden mit ihrem Studium an der Fakultät SPR waren und keine Veränderungsvorschläge hatten, so gaben nur drei Studierende der Jahrgänge 2004/ 2005 an, sie würden keine Änderungen am Hochschulstudium vornehmen.

[15] Von den Absolventen des Bachelor-Nachfolgestudiengangs legen im Bereich frankophoner Kulturraum mittlerweile 20-30% eines Jahrgangs das Doppeldiplom an französischen Partnerhochschulen ab. Doppeldiplome mit spanischen Hochschulen sind in Planung.

5.4 Nach dem Studium

Im Zentrum der nächsten Betrachtungen steht die Frage, wie sich die Transition von der Hochschule in den Beruf bei den befragten Absolventen gestaltet hat, und welche Aspekte dabei besonders hervorzuheben sind.

5.4.1 Beschäftigungssituationen nach dem Studienabschluss

In diesem Abschnitt werden die Wege der ehemaligen Studierenden an der Fakultät Sprachen der WHZ nach dem Erwerb des Studienabschlusses nachgezeichnet. Dafür trugen die Befragten für vier definierte Zeiträume ihre wichtigste Beschäftigungsart ein.

- ein bis sechs Monate nach Abschluss',
- ‚sechs bis 12 Monate nach Abschluss'
- ‚mehr als 12 Monate nach Abschluss'
- und den gegenwärtigen Stand.

Haben die Befragten nicht in allen vier Kategorien Angaben gemacht, so wurden sie aufgrund der Vergleichbarkeit an dieser Stelle nicht Teil der Wertung. Bei den Studienanfängern von 2000-2003 gab es lediglich zwei Personen, auf die dies zutraf. Jedoch mussten bei den Befragten der darauffolgenden Jahrgänge deutlich mehr Datensätze ausgeschlossen werden.
Vielen Ehemaligen dieser beiden Jahrgänge war es zudem nicht möglich, ihre Tätigkeit im Zeitraum ‚mehr als 12 Monate nach Abschluss' zu benennen, da der Erwerb ihres Abschlusses noch nicht so lange zurücklag. Aus diesem Grund konzentrieren sich die Auswertungen auf die ersten drei Phasen. Auf diese Weise gelang es für 38Absolventen der Jahrgänge 2004 und 14 aus 2005 ihren Tätigkeitsverlauf nach Studienende über mehrere Monate hinweg abzubilden.
Die Entwicklung der Beschäftigungssituation der Jahrgänge 2000 bis 2003 gestaltete sich äußerst erfreulich. Schon ein bis sechs Monate nach ihrem Abschluss befanden sich rund 71% der befragten Absolventen in einer Erwerbstätigkeit. Diese Ziffer geht im Vergleich in den folgenden Jahrgänge leicht zurück: Ein bis sechs Monate nach Studienende befanden sich 58% (2004) bzw. 50% (2005) der Ehemaligen in einem regulären Beschäftigungsverhältnis, rund 7% gaben an, zu jobben. Nur knapp 11%

der Wirtschaftsfrankoromanisten, Wirtschaftshispanisten und Wirtschaftssinologen (2000-2003), waren bis zu einem halben Jahr nach ihrer Exmatrikulation arbeitslos, im Gegensatz dazu waren es unter den Absolventen der Jahrgänge 2004 8% und 2005 14%. Bemerkenswert ist auch, dass nicht reguläre Beschäftigungsverhältnisse in Form des Jobbens von den Jahrgängen 2004 nur unmittelbar nach dem Studium (18%) und gegenwärtig (8%) gewählt wurden, im Jahrgang 2005 hingegen zu keinem Zeitpunkt.

Abgesehen von Beschäftigungsverhältnissen unterschiedlicher Art oder Arbeitslosigkeit, gingen die Befragten auch anderen Tätigkeiten nach: 6% der Gruppe 2000-2003, oder begannen ein weiteres Studium, lediglich 4% absolvierten ein Praktikum und einer der 101 Befragten begab sich in diesem Zeitraum noch nicht auf Beschäftigungssuche. Bei den folgenden Jahrgängen liegt hingegen die Option ‚keine Beschäftigungssuche' zu diesem Zeitpunkt noch bei 5% (2004) bzw. 7% (2005), doch schon nach einem halben Jahr hat sie sich bis Dezember 2010 auf jeweils 0% verringert. Der Anteil derjenigen dieser Kohorte, die sich zeitnah nach Studienabschluss für eine weitere akademische Ausbildung oder eine Promotion entschieden haben, fällt mit 3% bzw. 7% ähnlich wie in den Jahrgängen zuvor sehr gering aus. Er steigert sich bis zum gegenwärtigen Zeitpunkt auf 8% (2004) bzw. stagniert für den Jahrgang 2005.

‚Sechs bis 12 Monate nach Abschluss' stieg die Zahl der Erwerbstätigen der Absolventen (2000-2003) auf 88% und die Arbeitslosenzahl verringerte sich um mehr als die Hälfte (auf nur noch 5%). Einer der anfänglich sechs Absolventen, die sich für ein zusätzliches Studium entschieden, brach es offensichtlich nach dem ersten Semester wieder ab und jeweils nur noch 1% verdiente sich mit jobben den Lebensunterhalt bzw. absolvierte ein Praktikum. Auch bei den Jahrgängen 2004/ 2005 gingen bereits 74% (2004) bzw. 86% (2005) der Befragten bis 12 Monate nach Studienabschluss einer Erwerbstätigkeit nach. Bei den Absolventen des Jahrgangs 2004 steigerte sich dies noch auf 79% zum Zeitpunkt der Befragung, bei denen aus dem Jahrgang 2005 blieb der Anteil konstant. Für eine zusätzliche berufliche Ausbildung nach Erwerb des ersten akademischen Grades entschied sich keiner der befragten Alumni dieser Kohorten.

Die Ausübung von Praktika mit erstem akademischen Grad spielte ebenfalls nur eine untergeordnete Rolle. Der Höhepunkt ist dabei im Jahrgang 2004 zwischen sechs und 12 Monaten nach Studienabschluss mit 11% und im Jahrgang 2005 bereits in der ers-

ten Phase nach dem Studium mit 21% erreicht. Diese Beobachtung „bestätigt den inzwischen fast allgemeinen Befund, dass der Begriff ‚Generation Praktikum' irreführend, da statistisch nicht nachweisbar ist" (Beblo/Kaiser 2010, 367).
Mehr als zwölf Monate nach Studienabschluss waren bereits 91% der 101 befragten Absolventen der Jahrgänge 2000-2003 erwerbstätig, gleichzeitig sank die Arbeitslosenquote auf 2%. Zum Zeitpunkt der Befragung gab nur ein Einziger von ihnen an, arbeitslos zu sein.
Betrachtet man die Jahrgänge im Einzelnen, fällt auf, dass die höchste Zahl der Erwerbstätigen im Jahrgang 2001 zu finden ist. Knapp 86% gingen hier direkt nach dem Studium schon einer regulär abhängigen Tätigkeit nach. Signifikant ist auch die gegenwärtige Zahl Erwerbstätiger der Kohorte von 2002, bei der 35 von 36 angaben, beruflich tätig zu sein. Im Großen und Ganzen lässt sich der allgemeine Trend auf die einzelnen Jahrgänge und Studiengruppen übertragen. Wirft man einen Blick auf diese, fiel eines besonders ins Auge: Keiner der Wirtschaftssinologen von 2001 war über den gesamten Untersuchungszeitraum hinweg arbeitslos. Bis auf die Phase ‚mehr als zwölf Monate nach Abschluss', in der einer „nur" gejobbt hatte, waren alle ständig erwerbstätig. In den Jahrgängen 2000 und 2003 Wirtschaftsfrankoromanistik fanden sich, zumindest prozentual, die höchsten Arbeitslosenquoten mit jeweils 25% innerhalb der ersten sechs Monate nach Studienschluss. Positiv auffallend ist besonders der extrem niedrige Anteil an Arbeitslosen an der Gesamtverteilung, der nur in den ersten sechs Monaten nach Studienabschluss am höchsten war (1% bis 4%).
Innerhalb der Studiengruppen des Jahres 2004 weisen gegenwärtig besonders die Diplom-Wirtschaftshispanisten (FH) mit 87% und die Diplom-Wirtschaftsfrankoromanisten (FH) mit 80% eine überdurchschnittlich hohe reguläre Beschäftigungsquote auf. Die Diplom-Wirtschaftssinologen (FH) belegen mit 69% den dritten Platz. Die Absolventen des Jahrgangs 2005 bestätigen dies so nicht, hier liegen die Sinologen mit 86% etwa im Durchschnitt aller drei Studienrichtungen. Die Hispanisten übertreffen diesen Wert mit 100%, wohingegen nur 80% der Frankoromanisten regulär erwerbstätig sind, was einem leicht unterdurchschnittlichen Anteil entspricht.
Auch in den letzten beiden betrachteten Jahrgängen sank die Arbeitslosenquote bis zum Befragungszeitpunkt auf 3% (2004) bzw. sogar bis auf 0% (2005). Auch hier gilt es wiederum zu bedenken, dass es bei dieser Frage zu einer Verzerrung gekommen sein könnte. Beruflich erfolgreichere Absolventen könnten auskunftswilliger gewesen

sein, als jene, die bisher nicht so viel Glück im Berufsleben hatten und deshalb gar nicht erst an der Umfrage teilnahmen.

5.4.2 Beginn der Stellensuche

Einen wichtigen Hinweis zum Übergang der Hochschulabsolventen in das Berufsleben gibt die Stellensuche, worin sich „konjunkturelle Veränderungen von Angebot und Nachfrage auf dem Arbeitsmarkt“ widerspiegeln (Lenz et al. 2010, S. 121).

Wann die Ehemaligen mit der Suche nach einer Beschäftigung für die Zeit nach dem Studium begonnen haben, ist unterschiedlich. Begannen die befragten Absolventen der Kohorte 2000-2003 im Schnitt mehrheitlich (45%) vor Studienabschluss damit, sich eine Arbeitsstelle zu suchen, waren es im Jahrgang 2004 bereits 51% und für die Absolventen des Jahrgangs 2005 sogar 67%.

Für die deutliche Mehrheit aller Absolventen fand die Stellensuche zusammengefasst für die beiden Zeiträume ‚vor Studienabschluss’ und ‚ungefähr zur Zeit des Studienabschlusses’ statt. Insgesamt waren es für Jahrgänge 2000-2003 74% und für 2004 bereits 86%, wobei sich dieser Trend auch im Jahrgang 2005 mit 89% fortsetzte.

Aus den Jahrgängen 2000-2003 gaben 16 der 103 Befragten an, eine Stelle erhalten zu haben, ohne selbst gesucht zu haben. Auch in vier der insgesamt sechs untersuchten Gruppen der Jahrgänge 2004 und 2005 gab es jeweils wenigstens einen Absolventen, der eine Stelle erhalten hat, ohne aktiv danach zu suchen, was z.B. durch Kontakte zu potentiellen Arbeitgebern, die im Rahmen eines Praktikums oder der Diplomarbeit entstanden, ermöglicht wurde.

Diese Resultate übertreffen die Ergebnisse der *Ersten Sächsischen Absolventenstudie* deutlich, wonach lediglich 65% der befragten Fachhochschulabsolventen bereits vor oder während des Studienabschlusses mit der Stellensuche beginnt (vgl. Lenz et al. 2010, 129).

Diejenigen, die erst nach ihrer erfolgreichen Diplomverteidigung anfingen, sich nach Arbeit umzuschauen (11% in den Jahrgängen 2000-2003), wurden zudem gebeten, anzugeben wie viel Zeit bis dahin verging. Durchschnittlich waren diese 11 Personen dreieinhalb Monate auf Jobsuche. Am häufigsten wurde die einmonatige Suchdauer nach dem Abschluss angegeben. Zwei von ihnen wurden jedoch erst nach einem Jahr auf dem Arbeitsmarkt fündig.

Auf Jahrgangsebene bietet sich ein ähnliches Bild. Mehr als die Hälfte aller Absolventen des Jahrgangs 2003 (55%) begannen schon vor dem Studienabschluss mit ihrer Beschäftigungssuche. Der Anteil derer, die in ein Beschäftigungsverhältnis übernommen wurden, ohne aktiv gesucht zu haben, lag bei den Absolventen der Jahrgangsgruppen von 2000 mit knapp 25% deutlich über dem Gesamtdurchschnitt. Jahrgang 2002 weist jeweils die gleiche Zahl (38%) derer auf, die sowohl vor, als auch ungefähr zur Zeit des Studienabschlusses die Stellensuche begannen.

5.4.3 Verlauf der Stellensuche

Hinter diesem Unterpunkt verbarg sich in Frage 21 des Fragebogens die Bitte an die Befragten, anzugeben wie viele Bewerbungen geschrieben, Jobinterviews durchlaufen wurden, und wie viele Stellenangebote sie erhalten hatten. Es wurde hier mit dem Zentralwert (Median) gearbeitet, da es bei dieser Frage eine hohe Zahl von Ausreißern gab. Die Angabe des arithmetischen Mittelwertes hätte das Ergebnis daher zu sehr verzerrt.

Das Ergebnis ist, besonders im Vergleich der Jahrgänge in Bezug auf die Anzahl der Bewerbungen, erstaunlich.
Insgesamt bewarben sich die Ehemaligen der Jahrgänge 2000-2003 zehnmal. Sie wurden daraufhin dreimal zu Vorstellungsgesprächen eingeladen und erhielten im Schnitt ein Stellenangebot. Alle Jahrgangsstufen lagen etwa im Durchschnitt dieses Ergebnisses. Studienanfänger des Jahres 2002 erhielten im Schnitt ein Stellenangebot mehr und Angehörige der 2001er Gruppe bewarben sich zweimal mehr.
Die ehemaligen Studierenden des Jahrganges 2004 hingegen bewarben sich im Mittel 28-, diejenigen aus 2005 25-mal bei Unternehmen und Institutionen. Sie wurden daraufhin, ähnlich wie ihre Vorgänger, zu drei (2004) bzw. zwei (2005) Vorstellungsgesprächen eingeladen und erhielten letztlich ein Stellenangebot. Somit ist die Wahrnehmung der meist schriftlichen Kandidatur durch den Arbeitgeber die wichtigste Hürde im gesamten Bewerbungsprozess. Die Anzahl der Bewerbungen, liegt im Jahrgang 2004 mehr als dreimal über bzw. im Jahrgang 2005 knapp unter dem dreifachen Median der gezählten Bewerbungen sächsischer Hochschulabsolventen (vgl. Lenz et al. 2010, S. 122).

Innerhalb der Studiengänge fällt vor allem die hohe Anzahl der geschriebenen Bewerbungen bei den Sinologen des Jahres 2001 und den Frankoromanisten von 2003 auf. Sie schrieben im Schnitt 40 bzw. 35 Unternehmen an. Ihre Kommilitonen der Sinologie des Jahrgangs 2000 hingegen bewarben sich mehrheitlich nur ein einziges Mal. Im Gegensatz dazu versendeten über 50% der Hispanisten des Jahrgangs 2001 maximal 25 Bewerbungsmappen.

5.4.4 Schwierigkeiten bei der Stellensuche

Gerade bei der Transition vom Bildungs- ins Erwerbssystem lassen sich typische Probleme beschreiben. Aus diesem Grund sollten die Teilnehmer bei Frage 22 mindestens einen Aspekt angeben, der ihnen bei ihrer Stellensuche auffiel bzw. auf welche Probleme sie dabei stießen.

Alle vier Untersuchungsjahrgänge bis 2003, machten mit Abstand am häufigsten (62%) einen Haken beim Feld ‚Es wurden überwiegend Bewerber mit Berufserfahrung gesucht‘. Auch in den einzelnen Jahrgängen war dies das Hauptproblem. Dies wurde auch als Hauptproblem von den darauffolgenden beiden Jahrgängen identifiziert.

Auch das mangelnde Stellenangebot auf dem Arbeitsmarkt machte allen Absolventen der sechs betrachteten Jahrgänge zu schaffen. Für die Berufseinsteiger der Kohorte bis 2003 stellten dies 36% der Befragten fest. Da auch Absolventen befragt wurden, die ihren Studienabschluss in den Jahren 2008 bis einschließlich 2010 erworben haben (Kohorte 2004/ 2005) , könnte die angespannte Situation auf dem Arbeitsmarkt, die sich im Angebot von nur wenigen Stellen niederschlug, der weltweiten Finanz- und Wirtschaftskrise ab 2007 geschuldet sein. Dies erklärte ebenfalls, warum die Absolventen mit der Anzahl ihrer Bewerbungen so drastisch über dem sächsischen Mittel der Abschlussjahrgänge 2006 und 2007 liegen. Die explizite Nennung der Wirtschaftskrise erfolgt durch zwei Absolventen unter ‚Sonstiges’.

Von den Absolventen der Jahrgänge bis 2003 wird außerdem oft beklagt, dass Arbeitgeber überwiegend Bewerber mit einer anderen Studienspezialisierung suchten (34%). Darüber hinaus entsprachen in 28 Fällen die angebotenen Stellen nicht den inhaltlichen Vorstellungen der Befragten und 27-mal wurde berichtet, dass Arbeitgeber Kenntnisse und Fähigkeiten verlangten, die im Studium nicht vermittelt wurden.

Ähnliches berichten auch die folgenden beiden Jahrgänge. Hier wurden als Hindernisse u.a. die Wünsche der potentiellen Arbeitgeber angebracht, die einen anderen Studienschwerpunkt verlangten. Besonders den ehemaligen Studierenden des Jahrgangs 2005 fiel auf, dass hauptsächlich Praktikumsstellen angeboten wurden, was möglicherweise ebenso eine Auswirkung der Finanz- und Wirtschaftskrise sein könnte. Dies war, ebenfalls in Kombination mit einem anderen erwünschten Studienabschluss, allerdings schon für rund 21% der Absolventen (2000-2003) ein Hauptproblem.
Probleme, die tendenziell eher auf persönliche Ansprüche zurückzuführen sind, geben die Befragten insgesamt seltener an. So sind Arbeitszeit-/ Arbeitsbedingungen oder Vereinbarungsprobleme zwischen Beruf und Familie eher nachrangig.
Im freien Kommentarfeld ‚Sonstiges' weisen insgesamt sieben Absolventen auf die Schwierigkeit des geringen Bekanntheitsgrades von Studiengang und Abschlussbezeichnung sowie auf die Problematik des Studiums an einer FH im Allgemeinen hin. Auf die erste Thematik wurde bereits bei den Schwächen des Studienangebots eingegangen. Von Einzelfällen der Jahrgänge bis 2003 erfuhr man noch Folgendes: Einige berichteten, sie seien überqualifiziert gewesen, da viele inhaltlich passende Stellen oft einen geringeren Abschluss verlangten. Genannt wurden außerdem, dass oft Führungspositionen besetzt werden sollten und die Mehrheit der angebotenen Stellen von Zeit- bzw. Leiharbeitsfirmen stammen.
In den beiden jüngsten untersuchten Jahrgängen gaben 12% der Befragten an keine Schwierigkeiten bei der Stellensuche gehabt zu haben. In den Jahrgängen 2000 bis 2003 wurde diese Option noch von 18% ausgewählt. Insgesamt betrachtet ist das Ergebnis dieser Studie also dem der *Ersten Sächsischen Absolventenstudie* von 16,7% sehr ähnlich (vgl. Lenz et al. 2010, 125).

5.5 Erste und aktuelle Erwerbstätigkeit

Die Aufnahme der ersten Erwerbstätigkeit nach Studienende gilt als wichtiger Indikator des (weiteren) Berufserfolgs. Sie definiert sich als „die erste bezahlte Hauptbeschäftigung nach dem Studienabschluss" (Lenz et al. 2010, S.136). Da gerade in der Erwerbseintrittsphase oft eine Mehrfachbeschäftigung vorkommt, wurden die Befrag-

ten gebeten, sich in ihren Antworten auf die ihnen wichtigere Beschäftigung zu beziehen. Falls sie zum Befragungszeitpunkt nicht erwerbstätig waren, es aber im Zeitraum seit ihrer Exmatrikulation wenigstens schon einmal gewesen sind, sollten die Absolventen die kommenden Fragen für die letzte Beschäftigung beantworten.
Zum Zeitpunkt der Umfrage gaben 95 der 101 ehemaligen Diplomanden der Jahrgänge bis 2003 der Fakultät an, sie seien aktuell erwerbstätig. Insgesamt hielten sich unter ihnen die Anteile derer, die bereits ihre Stelle wechselten (52%) und derer, die aktuell (noch) ihre erste Stelle bekleideten (48%) nahezu die Waage. 93% der Absolventen des Jahrgangs 2004 und alle ehemaligen Studierenden des Jahrgangs 2005 hatten bis zu diesem Zeitpunkt eine Erwerbstätigkeit nach dem Studium aufgenommen. Mehr als zwei Fünftel der erstgenannten Gruppe gaben an, dass die erste Stelle nicht der aktuellen bzw. letzten entspricht (42%). Bei den Studiengruppen des Jahres 2005 war dies bei 11% der Fall, was vornehmlich auf den geringeren Zeitraum zwischen Studienabschluss und dem Monat der Befragung (Dezember 2010) zurückzuführen ist. Es kann mit Sicherheit gesagt werden, dass die deutliche Mehrheit aller Befragten zum Befragungszeitpunkt noch die erste Stelle innehatte. Ebenso muss jedoch festgestellt werden, dass einige Berufseinsteiger mittlerweile ihren Arbeitsplatz bereits verloren oder aufgegeben haben. Die drei Absolventen des Jahrgangs 2004 der Frankoromanisten und Sinologen, welche nach Studienabschluss noch keine Hauptbeschäftigung aufgenommen haben, studieren, jobben oder sind gegenwärtig arbeitslos.
Ein aussagekräftigeres Bild zeichnet sich auf Ebene der einzelnen Jahrgänge ab. Mitglieder der 2000er Gruppen, die theoretisch die meiste Berufserfahrung haben müssten, äußerten mehrheitlich (69%), dass ihre aktuelle bzw. letzte Arbeitsstelle nicht ihrer ersten entspräche. Folgerichtig kehrt sich die Verteilung bei den Gruppen des Jahres 2003 um. Hier gaben 62% an, sie wären noch in ihrer ersten Stelle tätig.

5.5.1 Stellenfindung

Die Absolventen wurden gebeten, Angaben dazu zu machen, wie sie ihre erste und aktuelle Stelle nach Studienende gefunden haben. Aus Gründen der technischen Realisierbarkeit wurden ihnen dafür drei Spalten zum Ankreuzen der insgesamt 17 Items inklusive ‚Sonstiges‘ vorgegeben: ‚erste Stelle', ‚zweite Stelle' und ‚bei beiden Stellen gleich'. Falls die Ehemaligen ihre Erwerbstätigkeit bis zum Zeitpunkt der Befragung noch nicht gewechselt hatten, sollten sie ausschließlich die linke Spalte für die erste Beschäftigung ausfüllen. Dieser Hinweis im Begleittext wurde von zahlreichen Befragten nicht beachtet. Obwohl sie die Beschäftigung noch nicht gewechselt hatten, entschieden sie sich für ein Kreuz bei der mittleren oder rechten Spalte. Zusätzlich zu diesem Problem trat noch ein technisches auf: Den Absolventen war es anfangs nicht möglich, ein bereits gesetztes Kreuz wieder zu entfernen, sondern lediglich an eine andere Stelle zu setzen. Auch dieser Fehler konnte erst nach ein paar Tagen Laufzeit des Fragebogens behoben werden. Da es daraufhin zu Ungenauigkeiten bei der Auswertung kam, wurden nur die Nennungen der einzelnen Möglichkeiten gezählt und in den relativen Anteil umgewandelt unabhängig davon, ob die Möglichkeit bei der ersten, aktuellen oder bei beiden Stellen genutzt wurde.

Die Ergebnisse zu dieser Frage sind über alle Jahrgänge hinweg ähnlich. Mit jeweils den häufigsten Nennungen setzte sich in den Jahrgängen 2000, 2002 und 2003 das Reagieren auf eine Stellenausschreibung in einer der Internet-Jobbörsen (rund 23%) durch. Im Jahrgang 2004 bewährte sich diese Strategie bereits bei 45% der Absolventen. Am zweithäufigsten wurde in den genannten Jahrgängen mit rund 20% bzw. 38% auf die herkömmliche Bewerbung auf eine Annonce gesetzt.

Rund 18% der Absolventen der Jahrgänge 2000, 2002 und 2003 gaben außerdem an, dass sich bestehende Verbindungen aus dem Praktikum, dem Auslandsaufenthalt und/oder der Diplomarbeit für eine positive Bewerbung ausgezahlt hätten. Jeder neunte dieser befragten Akademiker bewarb sich initiativ (11%) und rund 9% wurden vom Arbeitgeber geworben. Beim Jahrgang 2004 hingegen gewann die Initiativbewerbung mit 23% an Bedeutung, außerdem stieg auch der Anteil derer, die vom Arbeitgeber angeworben wurde, auf ebenfalls 23%.

Befragte der Kohorte von 2001 waren bei ihrer Stellenfindung eher durch Bewerbungen auf Annoncen und Initiativbemühungen erfolgreich. Bei den ehemaligen Mitgliedern der Jahrgänge 2005 Hispanisten, Frankoromanisten und Sinologen gestaltet sich das Bild ebenfalls etwas anders: Hier suchten die meisten zu gleichen Anteilen in den Printmedien nach einer Beschäftigung, schrieben Initiativbewerbungen, wurden vom Arbeitgeber geworben oder nutzten bestehende Verbindungen aus Praktikum/ Auslandsaufenthalt/Diplomarbeit (je 28%). Die Stellensuche im Internet nahmen hingegen nur 17% in Anspruch.

Nicht nur in den Jahrgängen bis 2003 wurde der Weg über die Bundesagentur für Arbeit insgesamt eher selten beschritten (4% für diese Kohorte). Auch den Schritt in die Selbstständigkeit wagten lediglich drei Personen (2%). Kaum von Bedeutung waren für alle betrachteten Jahrgänge Selbstständigkeit, Einstieg in das Unternehmen der Eltern, Engagement in einer Initiative oder Ausbildung/ Tätigkeit vor dem Studium Ebenso wenig kamen private Vermittlungsagenturen, der Career-Service der Hochschule und Kontakte durch Messen oder Kontaktbörsen zum Einsatz.
Zusammenfassend bleibt festzuhalten, dass die Suche nach einer Beschäftigung für die Zeit nach dem Studienabschluss in den meisten Fällen auf mehreren Wegen geschieht und dass sich dementsprechend oft verschiedene Strategien als brauchbar erweisen.

5.5.2 Suchdauer

Ein weiteres Kriterium für einen gelungenen Übergang von der Hochschule in den Arbeitsmarkt ist die Dauer der Beschäftigungssuche. Die Dauer der Jobsuche belief sich unter allen Befragten der Jahrgänge bis 2003 durchschnittlich auf etwas mehr als zweieinhalb Monate. Deutlich am Längsten (immerhin 4,6 Monate) schauten sich Absolventen der Wirtschaftshispanistik des Jahrgangs 2000 nach einer Stelle um, bis sie fündig wurden. Wirtschaftssinologen desselben Jahres hingegen verbrachten mit der Stellensuche im Schnitt nur etwa eine Woche. Hier gilt es allerdings zu beachten, dass diejenigen, die bereits vor Studienabschluss einen sicheren Arbeitsplatz hatten, dieses Textfeld mit einer ‚0' ausfüllten. Sie wurden trotzdem in die Mittelwerterrechnung eingeschlossen.
Die Absolventen des Jahrgangs 2004 der Fakultät Sprachen suchten nach dem Studium durchschnittlich vier, diejenigen des Folgejahres drei Monate lang, bis feststand, dass sie eine erste reguläre Erwerbstätigkeit beginnen konnten. Damit liegen sie in beiden Fällen etwas über dem Durchschnitt der Suchdauer von drei Monaten der befragten sächsischen Fachhochschulabsolventen im Rahmen der landesweiten Absolventenstudie (vgl. Lenz et al. 2010, 89). Unter den befragten Ehemaligen der letzten beiden Jahrgänge ist auffällig, dass die Diplom-Wirtschaftsfrankoromanisten (FH) und die Diplom-Wirtschaftshispanisten (FH) im Vergleich zum jeweiligen Gesamt-

jahrgang wesentlich kürzer auf Arbeitsplatzsuche waren, während sich die Diplom-Wirtschaftssinologen (FH) deutlich länger um den Berufseinstieg bemühen mussten.

5.5.3 Einschätzung der Gründe der Stellenbesetzung mit Absolventen der Fakultät Sprachen

Frage 26 des Fragebogens zielte darauf ab, zu erfahren, welche Aspekte am stärksten dazu beitrugen, Stellen mit Absolventen der Fakultät Sprachen zu besetzen. Die Ehemaligen wurden gebeten, zehn vorgegebene und - falls gewünscht - eigene Items von ‚völlig unwichtig' bis ‚sehr wichtig' einzuschätzen.

Den höchsten Stellenwert schrieben die Alumni bis zum Jahrgang 2003 ihrer Persönlichkeit zu. Außerdem waren sie der Meinung, dass auch ihre bis dato gesammelte Berufspraxis sowie ihre Erfahrungen im Ausland dazu beitrugen, dass sich Arbeitgeber für sie entschieden. Auch die Befragten der darauf folgenden Jahrgänge kamen zu diesem Ergebnis, allerdings in anderer Reihenfolge. Ihrer Meinung nach war der wichtigste Aspekt ihre vorherigen berufspraktischen Erfahrungen, danach ihre Auslandserfahrung sowie ihre Persönlichkeit. Bei den Absolventen des letzten untersuchten Jahrgangs wurden mehr Elemente als wichtig gewertet. Neben den drei oben genannten Aspekten kommen die studierte Fachrichtung sowie die fachlichen Schwerpunkte hinzu. Als unwichtig wurde von den Befragten aller Jahrgänge das Thema der Diplomarbeit, die Reputation der WHZ oder der Fakultät SPR und die eigene Weltanschauung/Religion bewertet. Die restlichen Gesichtspunkte erhielten eine neutrale Beurteilung.

Unter der Rubrik ‚Sonstiges' wurden von Absolventen der Jahrgänge bis 2003 unter anderem die Sprach- und Kulturkenntnisse als sehr wichtig bei der Stellenbesetzung eingeschätzt.

5.5.4 Vorteile durch das internationale Profil des Studiengangs auf dem Arbeitsmarkt

Bei dieser Frage kam es zu einem eindeutigen Ergebnis. Alle Gruppen gaben mit deutlicher Mehrheit an (bis zu 83% für die Jahrgänge bis 2003) an, das internationale Profil des absolvierten Studiengangs habe ihnen einen Vorteil gegenüber anderen

Bewerbern auf dem Arbeitsmarkt verschafft. Nur etwa jeder Siebte (bis 2003) meinte, dass dies nicht der Fall gewesen sei.

5.5.5 Einarbeitung in die erste Stelle nach Studienabschluss

Auf die Frage nach der Einarbeitungszeit in die erste berufliche Tätigkeit antworteten die Ehemaligen der Jahrgänge 2000, 2001 und 2002 mehrheitlich (53%, 48% bzw. 47%), sie hätten sofort mit der Übernahme normaler Aufgaben begonnen. Die fallende Tendenz setzte sich 2004 mit 24% und 2005 mit 33% der Befragten fort. Auch sie übernahmen sofort normale Aufgaben ohne spezielle Schulung. In diesen Jahrgängen durchliefen die meisten Absolventen eine Einarbeitungsphase von bis zu vier Wochen (45% bzw. 44%). So wurden bereits 44% der Absolventen der 2003er Studiengruppen eingeführt. Ein Frankoromanist aus diesem Jahrgang gab die längste Einarbeitungszeit von mehr als 20 Wochen an.
Die restlichen Ehemaligen gaben die Dauer in ein Textfeld ein, dessen Einträge von einer bis 24 Wochen variierten.

5.6 Aktuelle Erwerbstätigkeit

Im folgenden Abschnitt stehen die beruflichen Eckdaten der Absolventen in ihrer aktuellen oder – falls momentan nicht erwerbstätig – letzten Beschäftigung im Vordergrund.

5.6.1 Stellenwechsel

Rund 43% aller Befragten der Kohorte 2000-2003 gaben an, ihre Stelle noch nicht gewechselt zu haben. 36% taten dies bereits einmal und 21% schon mehrfach. Innerhalb der einzelnen Jahrgänge wechselten damalige Studierende, die im Jahr 2000 ihr Studium aufnahmen, ihre Arbeitsstelle am häufigsten mindestens einmal (69%). Die Frage nach einem bisherigen Stellenwechsel wurde von den 2003er Studiengruppen am häufigsten zu ca. 52% mit ‚nein‘ beantwortet. Auch die meisten Ehemaligen der Jahrgänge 2004 und 2005 hatten ihre Stelle bis zum Befragungszeitpunkt noch nicht gewechselt (67% bzw. 95%). Im Gegensatz zum jüngeren Jahrgang gibt es im Jahrgang 2004 trotzdem vier Personen (10%), welche die Stelle sogar mehrfach gewechselt haben. Das kann nicht unbedingt auf persönliche Beweggründe zurückgeführt werden, sondern ist in Wirtschaftsbereichen, in denen beispielsweise befristete Arbeitsverträge die Regel sind, strukturell bedingt. In solchen Fällen ist der Stellenwechsel ein Schritt zum Verbleib im bzw. zum Wiedereinstieg ins Berufsleben (vgl. Lenz et al. 2010, 158). Anzahl und Motive der Stellenwechsel wurden nicht abgefragt und werden in dieser Untersuchung dementsprechend nicht nachgezeichnet.

5.6.2 Wirtschaftsbereich

Die Unternehmen und Institutionen, in denen die befragten Absolventen beider Jahrgänge aktuell tätig sind bzw. zuletzt erwerbstätig waren, zählen im weitesten Sinne zum Wirtschaftsbereich der Dienstleistungen. Verhältnismäßig viele Ehemalige wählten bei Beantwortung der Frage die Option ‚Sonstiges' und ergänzten eine Branche, die den aufgelisteten Begriffen durchaus hätte zugeordnet werden können. Für die Studiengruppen von 2000 bis einschließlich 2003 konnten alle qualitativen Angaben ‚sonstiger' Wirtschaftsbereiche eindeutig den bereits vorgegebenen zugeordnet werden. Vielleicht ist die Schwierigkeit der genauen Einteilung in die vorgegebenen Bereiche darauf zurückzuführen, dass Unternehmen/ Institutionen in vielen Fällen mehreren Gruppen zugeordnet werden können.

48% aller befragten Alumni gaben an, aktuell in Firmen des verarbeitenden Gewerbes bzw. in Industrie- und/oder Bauunternehmen tätig zu sein.

Ein Drittel der Alumni der Jahrgänge bis einschließlich 2003 arbeitete im Dienstleistungssektor. 6% verdienten ihren Lebensunterhalt im Bereich Bildung, Forschung und Kultur, 8% entfielen auf den primären Sektor (Land- und Forstwirtschaft, Energie und Bergbau, Wasserwirtschaft, Fischerei) und 4% waren in der allgemeinen öffentlichen Verwaltung beschäftigt. Nur zwei ehemalige Studierende berichteten, in einer nicht gewinnorientierten Organisation/Stiftung erwerbstätig (gewesen) zu sein.

Die Branchen des primären Sektors sowie die allgemeine öffentliche Verwaltung bildeten auch die Schlusslichter der letzten beiden untersuchten Jahrgänge.

5.6.3 Internationales Umfeld / Internationale Tätigkeiten

Mit deutlicher Mehrheit (80-90%) bejahten die befragten Absolventen der sechs Jahrgänge die Frage, ob sie in einem internationalen Umfeld tätig bzw. in die länderübergreifenden Geschäftsbeziehungen ihres Arbeitgebers eingebunden sind.

5.6.4 Hauptsächliche Tätigkeiten

In Frage 32 wurden die Ehemaligen gebeten, qualitative Kommentare zu ihrem Tätigkeitsfeld abzugeben. Die Angaben wurden zunächst übergeordneten Kategorien zugewiesen. Dies geschah in Anlehnung an die Unterteilung aus der *Ersten Sächsischen Absolventenstudie* (vgl. Lenz et al. 2010, Listenheft zum Fragebogen S. 4). Es wurde zunächst bewusst darauf verzichtet, die angegebenen Aufgaben der Ehemaligen getrennt voneinander in verschiedene Gruppierungen aufzuteilen. Dadurch wird die Vielfalt der Tätigkeiten deutlicher. Im Anschluss wurden die einzelnen Nennungen der Kategorien gesichtet und erneut in Untergattungen eingeteilt.
Das Ergebnis für die Jahrgänge bis einschließlich 2003: 102 Befragte machten insgesamt 175 unterschiedliche Angaben zu ihren Tätigkeiten (Mehrfachnennungen waren möglich). Ähnlich sieht es auch in den beiden anderen Jahrgängen aus. Mit Abstand sind unter ihnen die meisten (sogar 89% für die Jahrgänge 2000-2003) im kaufmännischen Bereich/ Verwaltung beschäftigt. Ca. 4% (2000-2003) arbeiteten zum Befragungszeitpunkt im Bereich Lehre/Unterricht/ Forschung, aus den Studiengruppen der Jahrgänge 2004 und 2005 sind in diesem Rahmen nur zwei der 54 Befragten tätig gewesen. Ebenso gering ist der Anteil all derer, die einer Tätigkeit im technischen Bereich oder als wirtschaftliche Berater bzw. in der Kommunikation/Kunst nachgingen. In der Vielfalt der angegebenen Aktivitäten zeigt sich eindrucksvoll die interdisziplinäre Ausbildung an der Fakultät SPR.
Um herauszufinden, mit welchen Schwerpunkten sich die meisten Alumni beschäftigen, erfolgte in einem zweiten Schritt der Analyse eine Verteilung der einzelnen Aufgaben auf die übergeordneten Kategorien. Da viele Beschäftigte mehrere Tätigkeitsfelder notiert hatten und Mehrfachnennungen möglich waren, ergibt der Gesamtprozentsatz der Tätigkeiten in Abbildung 15und 16 mehr als 100%.
Die angebotenen Studienschwerpunkte Internationales Marketing und Logistik spiegeln sich deutlich als wichtigste Tätigkeitsbereiche der Berufseinsteiger wider. Bei

genauer Betrachtung des Diagramms wird erkennbar, warum zahlreiche ehemalige Studierende auf die Frage nach Verbesserungsvorschlägen für das Studium entsprechend ihrer bisherigen beruflichen Erfahrungen geantwortet haben, dass mehr Wert auf die praktische Arbeit in Projekten, gern auch in Verbindung mit Unternehmen, gelegt werden sollte: Mehr als ein Fünftel der Befragten (2004/ 2005) ist auf dem Gebiet des Projektmanagements beschäftigt. Bei der Umstellung auf die neuen Bachelor-Studiengänge wurde diese Tendenz erkannt und mit der Aufnahme des Fachprofils Unternehmensführung auf die Bedürfnisse der Studierenden bzw. Arbeitgeber eingegangen.

Zusammengefasst finden sich die ehemaligen Studierenden vor allem in der Kommunikation, dem Marketing, der Disposition und dem Projektmanagement wieder – Bereiche, die die fachlichen Studienschwerpunkte nahezu exakt widerspiegeln.

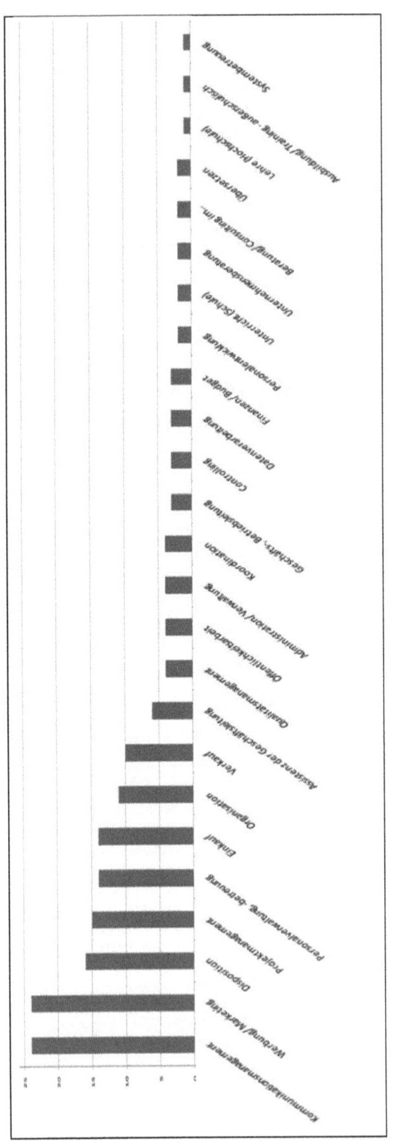

Abbildung 15: Hauptsächliche Tätigkeiten in der aktuellen bzw. letzten Erwerbstätigkeit (2000-2003; in %)

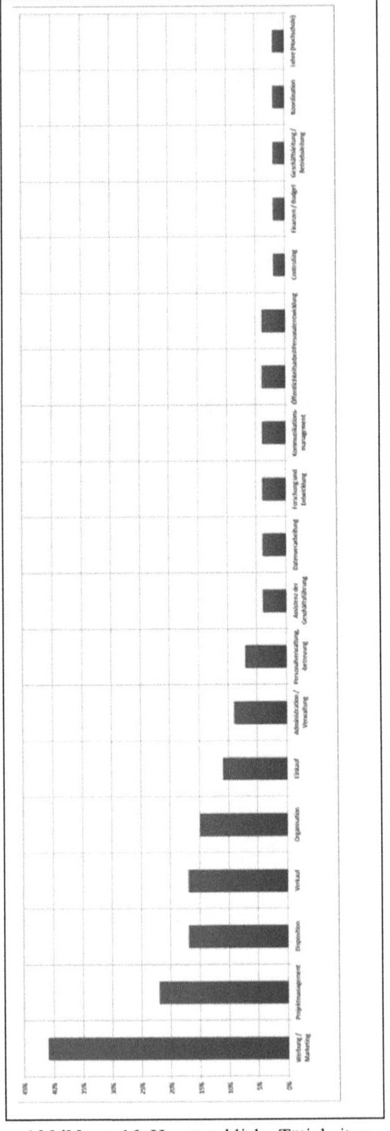

Abbildung 16: Hauptsächliche Tätigkeiten in der aktuellen bzw. letzten Erwerbstätigkeit (2004/ 2005; in%)

5.6.5 Größe des Arbeitgebers

Die ehemaligen Diplomanden der Jahrgänge bis einschließlich 2004 waren vornehmlich in Unternehmen bzw. Institutionen angestellt, die mehr als 500 Mitarbeiter zählen (ca. 50%). Dabei wies der Jahrgang 2000 die höchste Zahl derer auf, die in großen Unternehmen angestellt waren (63%). Ungefähr ein Drittel der Absolventen der Gruppe 2000-20004 arbeitete in mittelgroßen Unternehmen, die 50 bis 500 Arbeitnehmer beschäftigen. In kleinen - und Kleinstunternehmen waren 15% der befragten Alumni der Jahrgänge 2000-2003 und 22% des Jahrgangs 2004 tätig.

Ein etwas anderes Bild zeichnet sich im Jahrgang 2005 ab: Hier sind die Arbeitgeber der Befragten fast zu gleichen Teilen in den drei genannten Unternehmensgrößen vertreten.

5.6.6 Arbeitszeit

Die deutliche Mehrheit der Absolventen der drei Diplomstudiengänge ist in ihrer aktuellen bzw. letzten Stelle in Vollzeit angestellt. Die Absolventen der Jahrgänge bis 2003 waren zum Zeitpunkt der Befragung zu 93% in Vollzeit angestellt – im Jahrgang 2001 gab es keinen, der etwas anderes äußerte.

Die restlichen Befragten arbeiten in Teilzeit, wobei die Angaben zur Wochenarbeitszeit von 12 bis 32 Stunden variieren. Für die Gruppe der Jahrgänge 2000-2003 traf dies auf nur fünf der 103 befragten Alumni zu. Sie gaben an, mit durchschnittlich 25 Stunden pro Woche teilzeitbeschäftigt zu sein.

5.6.7 Vorgesetzter für andere Beschäftigte

Hierzu hat die Befragung der Absolventen ergeben, dass sich nur ein geringer Anteil von 10% (2004) bzw. 19% (2005) in einer beruflichen Position befindet, in der sie Vorgesetzter für andere Beschäftigte ist.

Allerdings sind es bei den erfahreneren Arbeitnehmern der Jahrgänge bis einschließlich 2003 bereits 25%. Sie sind Vorgesetzte für durchschnittlich 5 Personen, wobei vier von ihnen sogar für mindestens 10 bis maximal 20 Mitarbeiter verantwortlich sind.

5.6.8 Berufliche Stellung

Die Absolventen der Fakultät SPR der WHZ sind mehrheitlich als qualifizierte Angestellte im Berufsleben aktiv. Dies trifft auf knapp 45% aller ehemaligen Studierenden für die Jahrgänge bis einschließlich 2003, 51% des Jahrgangs 2004, und 28% des Jahrgangs 2005 zu.
Als wissenschaftlich qualifizierte Angestellte ohne Leitungsfunktion waren 21% der Absolventen der ersten Untersuchungsgruppe und ca. 33% der beiden letzten Jahrgänge tätig. Eine leitende Funktion hatten 6% der Befragten aus der Kohorte bis einschließlich 2003 inne. Insgesamt berichteten 15% aus eben dieser Gruppe, sie seien sogar leitende Angestellte.
Die wenigsten setzten ihr Kreuz bei ‚Ausführender Angestellter' (3% aus 2000-2003 und zwei Diplom-Wirtschaftshispanisten aus 2005), ‚Selbstständig in freien Berufen' bzw. ‚Selbstständiger mit Honorar-/Werkvertrag' (jeweils 1%). In den Jahrgängen 2004 und 2005 gibt es weder Selbstständige noch Beamte.

5.6.9 Region der Erwerbstätigkeit

Für die gesamte Hochschule ist es von Bedeutung, ob sie ihre Studierenden in erster Linie für eine Erwerbstätigkeit auf dem regionalen oder überregionalen Arbeitsmarkt ausbildet. Die Fakultät SPR hat beobachtet, dass ihre Absolventen nicht nur in bekannte multinationale Großunternehmen, sondern gerade auch in regionale kleine und mittelständische Unternehmen, die weltweite Geschäftsbeziehungen pflegen, einsteigen können.
Drei Viertel der Alumni der Jahrgänge 2000-2003 traten ihre erste Stelle in Deutschland an – ein Drittel von ihnen verblieb in Sachsen, also 25%. Daneben fiel die Wahl auf nationaler Ebene am häufigsten auf Bayern (12%), Thüringen (10%), Baden-Württemberg (9%) und Nordrhein-Westfalen (8%). Auch der größte Anteil der Ehemaligen der beiden letzten betrachteten Jahrgänge bleibt nach dem Studium in Sachsen (ca. 28% der Absolventen des Jahrgangs 2004 und ca. 45% aus 2005).
Es folgen im Jahrgang 2004 Baden-Württemberg, Hessen und Niedersachsen. Die jüngsten Absolventen wählten vorzugsweise Bayern bzw. Niedersachsen. In die weiter entfernten Bundesländer wie beispielsweise das Saarland, Rheinland-Pfalz oder Schleswig-Holstein hat es keinen der Absolventen gezogen. Ein Grund hierfür ist si-

cherlich, dass die große Mehrheit der Studienanfänger aus den neuen Bundesländern rund um Sachsen kommt. Um noch mehr über die Mobilität der Studierenden zu erfahren, wäre es zweckmäßig, die Absolventen in einer weiteren Untersuchung nach ihrer Herkunft zu befragen. Auf diese Weise könnte überprüft werden, ob die Akademiker, die für das Studium nach Westsachsen gezogen sind, auch nach Studienabschluss in der Region bleiben oder wieder abwandern.
Genau 20% der ehemaligen Diplomanden (2000-20003) wanderten ins europäische Ausland ab. Ebenso wie bei ihnen, fällt auch bei den die Ehemaligen der Jahrgänge 2004 und 2005 auf, dass sie in der Regel für ein Land aus dem Sprach- und Kulturraum ihrer studierten Hauptsprache entschieden, dementsprechend verstärkt nach Frankreich und Spanien gingen. Darüber hinaus waren die Schweiz und Österreich für vereinzelte Absolventen attraktive Länder. Insgesamt nahmen sechs Absolventen der Jahrgänge 2004 und 2005 ein Arbeitsverhältnis außerhalb Deutschlands auf. Außerhalb Europas zog es vorrangig Absolventen der Studienrichtung Wirtschaftssinologie nach China und die USA. Dies war die drittgrößte Gruppe. Außerdem gingen vereinzelt Diplomanden nach Mexico, Belgien, Dänemark, Großbritannien und Schweden.

5.6.10 Monatliches Bruttoeinkommen

Entgegen der Erwartung, dass die Frage nach dem Einkommen von vielen Absolventen unbeantwortet blieb, enthielten sich nur zwei Ehemalige (Kohorte 2000-2003) der Antwort. Ein Grund für die hohe Antwortbereitschaft ist sicherlich die garantierte Anonymität der Umfrage.
Das monatliche Einkommen der Absolventen ohne Zulagen und ohne Abzug von Steuern und Sozialabgaben wurde von der Mehrheit in die mittlere Kategorie eingeordnet. Demnach beträgt die monatliche Verdienstspanne der befragten Absolventen mehrheitlich 2000 € bis 3199 € (52% in der Kohorte bis einschließlich 2003). Knapp ein Viertel der Arbeitnehmer der Jahrgänge 2000-2003 verdiente bereits zwischen 3.200 € und 4.500 €, 8% sogar ‚mehr als 4.500 €' und lediglich 16% der Alumni kreuzten 900 € bis 1.999 €'an.

Im Gegensatz dazu verläuft die Tendenz der Absolventen der Jahrgänge 2004/ 2005 eher in Richtung der Gruppierung 900 € bis 1999 €' als in Richtung ‚3200 € bis 4500 €'. Kein Arbeitnehmer dieser Gruppe verdient mehr als 4500 € im Monat.

5.7 Berufliche Anforderungen und Qualifikationsverwendung

„Auch der zunehmend an Bedeutung gewinnende Kompetenzerwerb im Studium wird vor dem Hintergrund sich verändernder beruflicher Anforderungen immer häufiger in Absolventenstudien dargestellt" (vgl. Lenz et al. 2010, 58). Mithilfe einer Skala (1 = in sehr geringem Maße bis 5 = in sehr hohem Maße) wurden die Absolventen gebeten, anzugeben, wie stark sie bei Studienabschluss über 28 verschiedene Kenntnisse und Fähigkeiten verfügten. Anschließend wurde gefragt, inwieweit diese Kompetenzen bei ihrer aktuellen Berufstätigkeit gefordert sind. Bei der Auswertung wurden die Ergebnisse um jene Befragte, die mindestens eine der beiden Fragen unbeantwortet ließen, bereinigt. In den meisten Fällen schrieben sich die befragten Absolventen mittelmäßige bis hohe Kompetenzen zu. Im Großen und Ganzen weichen die beruflichen Anforderungen und die Qualifikationen der Absolventen nicht stark voneinander ab, in den meisten Fällen handelt es sich lediglich um eine Stufe.
Es fällt besonders auf, dass die Arbeitgeber der ehemaligen Studierenden der Jahrgänge 2000, 2001, 2002 und 2003 vor allem auf Soft Skills wie Organisations-, Kooperations- und Problemlösungsfähigkeit gepaart mit (sehr) guter Ausdrucksfähigkeit, effektivem Zeitmanagement und selbständigem Arbeiten, größten Wert legten.
Im Schnitt attestierten sich alle Jahrgänge gute bis sehr gute Englischkenntnisse, die auch offenbar auch gefordert werden. Die erlernten Wirtschaftsfremdsprachen spielten hier eher eine untergeordnete Rolle. In diesem Zusammenhang sind auch die folgenden Aspekte der Jahrgänge 2004 und 2005 interessant: Bei den Fremdsprachenkompetenzen – untergliedert in Erst- und Drittsprache sowie Wirtschaftsenglisch – wird deutlich, dass die Arbeitgeber Englischkenntnisse in hohem Maße, Kenntnisse der erlernten Drittsprache aber nur in geringem Maße fordern. Bei der Hauptsprache haben über beide Jahrgänge hinweg die ehemaligen Kommilitonen die neutrale Position auf der Skala gewählt. Das heißt, Französisch, Spanisch oder Chinesisch werden

im beruflichen Alltag weniger als Englisch, aber mehr als die Drittsprache gefordert, obwohl die Absolventen sehr wohl in der Lage wären, sie abzurufen.
Fundierte EDV-Kenntnisse werden ebenfalls erwartet. Bei der Frage nach der Ausprägung dieser Kompetenz entschieden sich viele Befragte für die neutrale Bewertung. Das erinnert an die Aussagen mehrerer Absolventen bei den Fragen nach Schwächen und Verbesserungsvorschlägen für das Studium, die sich mehr anwendungsorientierte Vorlesungen im Fach Wirtschaftsinformatik gewünscht hätten bzw. dies nun aus der Sicht von Erwerbstätigen anregen.

5.8 Einschätzungen der beruflichen Situation

An dieser Stelle wird die Angemessenheit/Adäquanz der beruflichen Beschäftigung als weiteres Merkmal des beruflichen Erfolgs untersucht. Mit dem Begriff ‚Beschäftigungsinadäquanz' ist die Unter- oder Überqualifikation der Tätigkeit gemeint, wobei in den Diskussionen um inadäquate Beschäftigungen von Hochschulabsolventen stets die unterwertige Erwerbstätigkeit im Vordergrund steht (vgl. Lenz et al. 2010, 154).
Die befragten ehemaligen Kommilitonen bewerten ihre aktuelle bzw. letzte Stelle mehrheitlich als (auf jeden Fall) adäquat und dementsprechend als ihrer Hochschulqualifikation angemessen (52% der Kohorte 2000-20003). Unter den Absolventen der Jahrgänge bin einschließlich 2003 sah sich fast jeder sechste (eher) nicht angemessen beschäftigt (16%), ein Drittel wählte den neutralen Weg und beantwortete diese Frage mit „teils teils“. Schaut man sich diese Jahrgangsstufen genauer an, fällt auf, dass Alumni der 2003er Studiengruppen die Adäquanz ihrer Beschäftigung am geringsten einstuften. Bis auf diesen Jahrgang, in dem fast die Hälfte der Alumni die neutrale Antwort wählte, waren es in den übrigen stets über 53%, die „eher ja“ oder „auf jeden Fall“ ankreuzten.
Im Anschluss an die Frage nach der beruflichen Adäquanz folgten einzelne Merkmale der derzeitigen beruflichen Situation, welche im Hinblick auf die Zufriedenheit der Absolventen betrachtet wurden. Es sollten insgesamt 13 Kriterien bewertet werden. Bei dem positiven Ergebnis gab es eine große Übereinstimmung aller Jahrgänge, denn sie bewerteten die verschiedenen berufsbezogenen Themen mehrheitlich mit

dem Prädikat (sehr) zufrieden. Außerdem wurde keiner der Aspekte schlechter als mit der neutralen Option ‚teils/teils' bewertet.
Das Einbringen eigener Ideen in den beruflichen Alltag bewerteten Absolventen der 2000er Studiengruppen sogar mit sehr zufriedenstellend. Im Gegensatz dazu ist den Absolventen der Jahrgänge 2004 und 2005 gemein, dass sie die Punkte Verdienst/Einkommen, Aufstiegsmöglichkeiten/ Karrierechancen und die Arbeitsplatzsicherheit am schlechtesten bewerteten.

5.9 Angaben zur Person

5.9.1 Geschlecht

Die Befragten sind vornehmlich weiblichen Geschlechts: Ihr Anteil unter den Befragten der Jahrgänge 2000-2003 betrug 91%, wobei sich jeder zwanzigste Absolvent sich bei dieser Frage der Antwort enthielt. Für die Jahrgänge 2004/ 2005 lag die Frauenquote unter den Teilnehmern der Studie bei 85%.
An sächsischen Fachhochschulen besteht über alle Fachrichtungen hinweg ein leichtes Ungleichgewicht zugunsten der Männer, 59% der Studierenden sind männlich (vgl. Lenz et al. 2010, 16). Wird die Abschlussart der Absolventen nach dem Geschlecht differenziert, wird dieses Bild noch einmal bekräftigt: Von den befragten Akademikern der *Ersten Sächsischen Absolventenstudie* mit einem Diplom (FH) zählen 61% zu den Männern und 39% zu den Frauen. Der Frauenanteil ist folglich weniger als halb so groß wie unter den befragten Alumni der Fakultät SPR. Auch wenn man von einer Überrepräsentativität der weiblichen Kommilitonen sprechen muss, darf man dennoch nicht außer Acht lassen, dass alle drei Studiengänge seit jeher stark frauendominiert gewesen sind, was vermutlich am Studienfach und dessen Inhalten liegt. Da unter den einzelnen Studiengruppen oft nur ein bzw. gar kein männlicher Befragter zu finden war, wurde auch in diesem Teil darauf verzichtet, eine Unterscheidung nach Geschlecht vorzunehmen und Korrelationen mit anderen Merkmalen wie Gehaltsklasse oder berufliche Position zu suchen.

5.9.2 Geburtsjahr

Die Angabe des Geburtsjahres wurde in Frage 44 des Fragebogens erhoben. Bei Studienantritt waren die ehemaligen Studierenden der Jahrgänge 2000-2003 durchschnittlich 20 bzw. 21 Jahre alt. Dementsprechend zum Zeitpunkt der Erhebung, Ende Dezember 2010, am häufigsten 29 Jahre alt (28%). Die jüngsten Befragungsteilnehmer entstammen dem Geburtsjahr 1985 und sind erwartungsgemäß ausschließlich im Jahrgang 2003 zu finden. Auch aus den Angaben der Befragten aus den Jahrgängen 2004 und 2005 lässt sich ableiten, dass die Mehrzahl der Befragten, die an der Absolventenstudie teilgenommen hat, ihren Bildungsweg direkt nach dem Erwerb der Hochschulzugangsberechtigung mit dem Studium an der WHZ fortgesetzt hat (37% bzw. 33%).

Das am weitesten zurückliegende Geburtsjahr, 1974, wurde von einem Absolventen der Sinologie Jahrgang 2000 genannt.

5.10 Weitere Kommentare zum Studium

Am Ende der Befragung sollte beantwortet werden, welche Verbindungen die ehemaligen Studenten zur WHZ pflegen, und wie ihrer Meinung nach der Kontakt zwischen Hochschule und Alumni gestaltet werden sollte. Sie konnten die angegebenen Vorschläge entweder mit ‚vorhanden', ‚gewünscht' oder ‚nicht gewünscht' bewerten. Obwohl einige das optionale Merkmal ‚Sonstiges' ankreuzten, definierten sie nicht näher, was sie darunter verstehen. Deshalb wird dieser Teil in der Auswertung nicht thematisiert.

Die Ehemaligen des Jahrgangs 2000 organisierten scheinbar Absolvententreffen bereits selbst. Bei den Jahrgängen von 2001 bis 2003 waren solche Treffen absolut erwünscht. Von den Absolventen der Jahrgänge 2004 und 2005 erfährt diese Idee mit 77% bzw. 72% ebenfalls größten Zuspruch, vereinzelt scheinen diese bereits in einzelnen Studiengruppen durchgeführt zu werden. 19% bzw. 28% der Absolventen der beiden jüngsten Jahrgänge geben an, dass ein Newsletter vorhanden ist. Die übrigen dieser Ehemaligen äußern mehrheitlich den Wunsch, einen solchen zu erhalten. Eher ‚nicht gewünscht' wird ein solcher Newsletter bei den Alumni der Jahrgänge bis 2003, ebenso wenig stößt in diesen Jahrgängen die Idee der Gründung bzw. Förderung einer Absolventenvereinigung auf Resonanz und die Hilfe bei aktuellen Problemstellungen durch die Hochschule. Der Gründung oder Förderung einer Vereinigung der Absolventen stehen die Befragten der Jahrgänge 2004/ 2005 ebenfalls eher skeptisch gegenüber (52%), allerdings ist das Verhältnis zwischen ‚nicht gewünscht' und ‚gewünscht' bezogen auf den Vorschlag ‚Hilfe in aktuellen Problemstellungen' hier ausgewogen (49% zu 49%).

Des Weiteren wünschten sich die damaligen Studienanfänger von 2000, 2002 und 2003 eine fachliche Kooperation in bestimmten Projekten, ebenso weit mehr als die Hälfte der Alumni aus 2004/ 2005 (60%).

Zum Abschluss der Befragung wurde den Absolventen die Möglichkeit eingeräumt zusätzliche Bemerkungen, Anregungen und Wünsche zu notieren. Viele der ehemaligen Studierenden nutzten diese Gelegenheit, vor allem um Feedback zur Absolventenstudie/zum Fragebogen und weitere konkrete aber auch allgemeine Kommentare und Denkanstöße für Verbesserungen des Studiums zu geben.

6. Zusammenfassung

Die Studie hat gezeigt, dass die deutliche Mehrheit der Absolventen, die sich von 2000 bis 2005 in die Diplomstudiengänge Wirtschaftsfrankoromanistik, Wirtschaftshispanistik oder Wirtschaftssinologie der Fakultät SPR immatrikulieren ließen, bei Studienantritt die allgemeine Hochschulreife vorwiesen (87%). Damit war die Zahl der Abiturienten, die ein Studium in Zwickau aufnahmen signifikant höher, als der Prozentsatz an allen sächsischen Fachhochschulen (67%).
Die wichtigsten Gründe für ein Studium an der Fakultät Sprachen waren der Praxisbezug, die Spezialisierungsmöglichkeiten, die Kombination der Studieninhalte Sprachen und Wirtschaft sowie der integrierte Auslandsaufenthalt und die Vielfalt des fremdsprachlichen Angebots. Bei der Wahl ihres Studienortes spielten für die Absolventen die Attraktivität Zwickaus und der umliegenden Region sowie die Reputation der Westsächsischen Hochschule bei Arbeitgebern keine große Rolle.
Bei der Wahl des Studienschwerpunkts entschieden sich mehr als die Hälfte aller Befragten (52%) für Internationales Marketing. 43% wählten Internationale Unternehmensführung/Controlling und etwa 30% wählten Logistik zu ihrer Spezialisierung. Ein gutes Viertel der ehemaligen Studierenden beschloss, einen weiteren Schwerpunkt zu belegen.
In der Summe waren sich alle befragten Ehemaligen einig, dass das Studiensemester an einer ausländischen Hochschule sehr nützlich war, wenn es darum ging, andere Kulturen kennen und verstehen zu lernen. Das Praxissemester im Ausland diente vor allem dem Erwerb fachübergreifender Kompetenzen, der Festigung der fremdsprachlichen Fähigkeiten und trug außerdem zum Kulturverständnis bei.
Bei der Einhaltung der Regelstudienzeit liegen die ehemaligen Zwickauer Sprachstudenten deutlich unter dem Durchschnitt aller sächsischen Hochschulen. Rund 11% der Alumni aller sechs Untersuchungsjahrgänge schafften es, ihr Studium innerhalb der acht vorgeschriebenen Semester erfolgreich abzuschließen. Die meisten ehemaligen Diplomanden der Fakultät Sprachen (66%) schlossen ihr Studium ein oder zwei Semester über der Regelstudienzeit ab und ein knappes Viertel (24%) erlangte den Abschluss erst im elften oder zwölften Semester.
Die Abschlussnote war deutlich höher als der sächsische Durchschnitt. Unter allen Umfrageteilnehmern der Jahrgänge 2000 bis 2005 der Fakultät Sprachen erreichten

42% das Prädikat ‚sehr gut'. Bei der sachsenweiten Befragung gaben dies nur 25% an. Ein ‚gutes' Diplom erhielt die Mehrheit der Befragten (57%) und bei 3% reichte es nur zu einem ‚befriedigenden' Resultat (Sachsen: ‚gut' – 62%; ‚befriedigend' – 13%) (vgl. Lenz et al., 52).

Die ehemaligen Studierenden der Fakultät SPR würden sich zu knapp 70% erfreulicherweise noch einmal für dasselbe Studienfach und 63% erneut für die Westsächsische Hochschule Zwickau entscheiden. Fast alle (98%) würden heute wieder studieren und 85% meinten, sie würden wieder an eine Fachhochschule gehen.

Neben der Attraktivität des Studiums, insbesondere der Sprachausbildung, wurde auch die überschaubare Zahl an Studenten, die eine intensive Betreuung ermöglicht und eine familiäre Atmosphäre schafft, häufig positiv erwähnt.

Die berufliche Entwicklung der Absolventen der Fakultät SPR nach dem Studium verlief insgesamt sehr positiv. Die Mehrheit war schon vor bzw. bei Studienabschluss in einer regulären Erwerbstätigkeit. Die Zahl der Arbeitslosen blieb über die gesamte Beobachtungsperiode hinweg gering und war zum Befragungszeitpunkt fast gleich null.

Die am häufigsten genannten Schwierigkeiten bei der Stellensuche für die Absolventen waren die fehlende Berufserfahrung und das Unterangebot an Stellen. Des Weiteren verlangten Arbeitgeber häufig einen anderen Studienschwerpunkt oder die Bewerber hatten andere inhaltliche Vorstellungen. Die gleichen Probleme gaben die Befragten der sachsenweiten Erhebung an. Nur etwa jeder Sechste gab bei beiden Studien an, keine Probleme bei der Stellensuche gehabt zu haben.

Als probate Mittel zur Stellenfindung stellten sich besonders Jobbörsen im Internet heraus. Die durchschnittliche Dauer der Jobsuche belief sich bei den Ehemaligen der Fakultät SPR auf ca. 3 Monate – ein Ergebnis was dem sächsischen Durchschnitt von Fachhochschulabsolventen gleichzusetzen ist.

Etwa zwei Drittel der Umfrageteilnehmer der Zwickauer Studie sahen sich aufgrund des international ausgerichteten Studiums klar im Vorteil gegenüber Mitbewerbern am Arbeitsmarkt. Die meisten meinten, dass die Gründe, die Stelle mit einem Absolventen der Fakultät Sprachen zu besetzen, ihre Persönlichkeit, ihre (auch schon vor dem Studium) gesammelte berufspraktische Erfahrung und ihre Auslandserfahrung wären.

Es lässt sich konstatieren: je größer die Zeitspanne zwischen Studienabschluss eines Absolventen und dem Befragungszeitpunkt, desto häufiger wurde bereits die Arbeitsstelle gewechselt.
Die deutliche Mehrheit aller befragten Alumni gab an, sie hätten Vollzeitbeschäftigungen mit internationalem Bezug bzw. würden in einem international ausgerichteten Unternehmen arbeiten. Außerdem sind die meisten im kaufmännischen Bereich tätig. Dabei spiegeln sich mehrheitlich die gewählten Studienschwerpunkte auch im Tätigkeitsfeld der Alumni wider. Bei der Frage nach der Unternehmensgröße gaben die meisten an, in großen Unternehmen mit Mitarbeiterzahlen über 500 angestellt zu (gewesen) sein. Die wenigsten waren in kleinen und Kleinstunternehmen beschäftigt. Etwa ein Viertel hatte zum Termin der Befragung eine Leitungsposition inne. Die am häufigsten genannte berufliche Stellung war die eines qualifizierten Angestellten (auch wissenschaftlich qualifiziert mit und ohne Leitungsfunktion) (76%) und jeder achte Befragte gab an, leitender Angestellter zu sein.
Ein Drittel der ehemaligen Diplomanden der Fakultät SPR der Westsächsischen Hochschule verblieb nach dem Studienabschluss in Sachsen. In die restlichen neuen Bundesländer zog es 8%. Die Quote derer, die eine Erwerbstätigkeit in den alten Bundesländern fand, betrug 37%. Darunter sind Bayern, Niedersachsen und Baden-Württemberg die Favoriten der Alumni gewesen. Die wenigsten wanderten nach Erhalt ihres Diploms in die deutschen Stadtstaaten ab (ca. 4%). Die Länder Mecklenburg-Vorpommern, Saarland und Schleswig-Holstein wurden gar nicht oder nur einmal angegeben. 17% der Umfrageteilnehmer gingen nach erfolgreicher Diplomverteidigung ins Ausland. Von ihnen fand die Mehrheit (11%) einen Job in Europa, 4% in Asien und 3% in Nord- oder Südamerika.
An dieser Stelle sei auch angemerkt, dass einige wenige ein weiterführendes Studium in Angriff nahmen und zu einem erfolgreichen Abschluss an deutschen und französischen Universitäten brachten. Zwei Absolventen können auf eine erfolgreiche Promotion an der TU-Chemnitz zurückblicken (Martini 2008, Lauterbach 2012), zwei weitere befinden sich auf dem Weg dorthin.[16]

[16] Die kooperativen Promotionen wurden und werden auf Seite der Fakultät SPR sämtlich von Prof. Dr. Gabriele Berkenbusch betreut.

Im Fragenkomplex zu beruflichen Anforderungen und Qualifikationsverwendung wurden die Kompetenzen der Absolventen wiedergegeben, die sie sich einerseits bei Studienabschluss in (sehr) hohem Maße zuschrieben und andererseits diejenigen, die aus ihrer Sicht von den Arbeitgebern in sehr hohem Maße gefordert wurden:

- Wirtschaftsenglisch
- schriftliche und mündliche Ausdrucksfähigkeit
- Organisationsfähigkeit
- Kooperationsfähigkeit
- Zeitmanagement
- Wissenslücken schließen
- Verantwortung übernehmen
- Problemlösungsfähigkeit
- Selbstständiges Arbeiten.

Im Gegensatz dazu stehen diejenigen Kompetenzen, die Arbeitgeber nur in geringem Maße bei der Stellenbesetzung von den Bewerbern verlangten:

- dritte Wirtschaftsfremdsprache
- VWL-Kenntnisse
- Rechtskenntnisse.

Die meisten befragten Ehemaligen fühlten sich in ihrer aktuellen bzw. zuletzt ausgeführten Tätigkeit wohl und sahen sich ebenfalls als ihrer Hochschulqualifikation angemessen beschäftigt.

7. Ausblick

Die durchgeführte Absolventenstudie an der Fakultät Sprachen kann aufgrund der hohen Beteiligung und der überwiegend positiven Rückmeldungen der Alumni als Erfolg gewertet werden. Kritik wurde meist konstruktiv geübt und hat auf Defizite in der Lehre aufmerksam gemacht, die zwischenzeitlich behoben wurden. Im Nachgang der Untersuchung wäre eine Ergänzung der erhobenen Daten mittels qualitativer berufsbiografischer Interviews zu empfehlen. Das anerkennende Feedback der Absolventen zur Studie lässt annehmen, dass sich mit Sicherheit genügend ehemalige Studierende finden, welche an einem solchem Interview teilnehmen würden. Gegenstand des Gesprächs könnten beispielsweise detailliertere Informationen darüber sein, wie die Alumni das Studium erlebt und welchen Weg sie nach Studienabschluss eingeschlagen haben.

Die Studienrichtungen Wirtschaftsfrankoromanistik, Wirtschaftshispanistik und Wirtschaftssinologie werden seit WS 2007/2008 als Bachelorstudiengang Languages and Business Administration mit dem Schwerpunkt frankophoner, hispanophoner oder chinesischer Sprach- und Kulturraum angeboten. Daher kann ein Vergleich der Ergebnisse von zukünftig durchgeführten Absolventenstudien, beispielsweise einer Befragung der Absolventen der letzten Diplomjahrgänge 2006 und des ersten Bachelorjahrgangs 2007 aufzeigen, inwieweit diese Reform erfolgreich, d.h. ohne Qualitätsverluste an der Fakultät SPR durchgeführt wurde. Auch dabei bieten sich die beiden Schwerpunkte retrospektive Bewertung der Studienqualität und weiterer Berufs- und Bildungsverlauf der Absolventen an.

Auf den ersten Blick mag eine erneute Befragung der Absolventen des Bachelorstudiengangs nach Studienabschluss wenig sinnvoll erscheinen, wenn man bedenkt, dass die Studierenden im Rahmen des standardisierten Evaluierungsverfahrens der WHZ bereits zum Abschluss jedes Semesters alle besuchten bzw. neuerdings ausgewählte Module und zum Ende jedes Sommersemesters zusätzlich die allgemeinen Studienbedingungen an der Hochschule bewerten (vgl. WHZ 2009, 10). Damit ist die Kritik an der Studienqualität bereits erfolgt. Dem ist entgegenzuhalten, dass zwar sowohl die Ergebnisse einer Absolventenstudie als auch die Bewertung der Module und Studienbedingungen durch die Studierenden der Evaluation des Studienprofils dienen. Die Durchführung einer Befragung ein bis zwei Jahre nach der Exmatrikulation verschafft jedoch zusätzlich Informationen über den beruflichen Verbleib der Alumni und erhält zudem den Kontakt zu den ehemaligen Studierenden aufrecht. Deren Karrierewege können außerdem Aufschluss darüber geben, ob der neue akademische Grad ‚Bachelor' auf dem (regionalen bzw. deutschen) Arbeitsmarkt anerkannt wird. Interessant ist sicher auch welcher Anteil der Absolventen sich unmittelbar nach ihrem ersten Studienabschluss in einen Masterstudiengang einschreibt.

In diesem Zusammenhang bietet es sich weiterhin an, zu klären, wie sich Evaluation der Studienqualität an der Fakultät SPR der WHZ und Berufseinstieg ihrer Alumni im Vergleich mit Werten und Erfahrungen ähnlicher Studiengänge anderer Bildungseinrichtungen darstellen. Im Rahmen der vorliegenden Untersuchung wurde bereits eine allgemeine Gegenüberstellung verschiedener Merkmale auf Landes- und Bundesebene vollzogen, worauf aufgebaut werden könnte.

Eine zusätzliche Befragung von Arbeitgebern als Vertretern des Arbeitsmarkts in Ergänzung zu den Absolventenstudien kann „den quantitativen Bedarf an Hochschulabsolventen, die Kriterien und Verfahren bei der Rekrutierung [...] oder Wünsche zur Gestaltung der Studiengänge ermitteln" (Schomburg 2001, A.26) und liegt deshalb ebenfalls nahe. Befindet sich der Fokus dabei auf Firmen der Region Westsachsen, wäre auch eine weiterführende Zusammenarbeit in Form von Projekten möglich. Feste Partnerschaften zwischen Hochschulen und Unternehmen haben besonders in den letzten Jahren zugenommen, 2010 lag der Anteil von Firmen, die mit einer Fachhochschule kooperieren bei 38% (2007: 35%) (Heidenreich 2011, 24). Die WHZ sollte diese Entwicklung nutzen und die Praxisnähe der akademischen Ausbildung noch weiter ausbauen. Möglicherweise findet sie dazu in den Arbeitgebern ihrer Absolventen Partner für eine langfristige Zusammenarbeit, von der beide Seiten profitieren. Eine Befragung der Unternehmen über ihre Anforderungen an Hochschulabsolventen ermöglicht eine erste Kontaktaufnahme und Annäherung.

Wie könnte es nun weitergehen? Ideal wäre es, die Absolventenstudie als Panel anzulegen, was bedeutet, dass auf die hier ausgewertete Untersuchung eine Folgebefragung derselben Zielpersonen etwa fünf Jahre nach der Bachelorprüfung folgt. Aus einer solchen Längsschnittbeobachtung sind noch aussagekräftigere Ergebnisse zu erwarten. Da sich der vorliegende Beitrag als rein deskriptiv versteht und nicht den Anspruch erhebt, Kausalzusammenhänge aufzuzeigen, könnten anhand der Daten, welche aus den realisierten Absolventenstudien über einen längeren Zeitraum hinweg

hervorgehen, in einer weiteren umfassenden Analyse mittels multipler Regressionsanalyse die Determinanten beruflichen Erfolges der Absolventen untersucht werden. Dabei liegt beispielsweise eine Überprüfung der Annahme nahe, ob Absolventen mit kurzer Studiendauer, geringem Einstiegsalter und sehr guten Abschlussnoten tatsächlich die besten Berufschancen haben (vgl. Caspari 2006, o.S.). Bereits durchgeführt wurde ein solches Vorhaben von Krempkow und Pastohr (o.J.) auf der Basis von Absolventenstudien der Technischen Universität Dresden der Jahre 2000 bis 2004.
In jedem Fall sollte der aktiven und systematischen Alumniarbeit an der Fakultät SPR zukünftig vermehrt Aufmerksamkeit geschenkt werden. Der Zuspruch der Absolventen hat gezeigt, dass großes Interesse daran vorhanden ist. Aufgrund des starken Interesses der Befragten an einem Kontakt mit der Fakultät, wäre die Einrichtung einer Alumnigruppe bei einem der stark frequentierten sozialen Netzwerke im Internet (vgl. E-Teaching 2010, Facebook, Xing etc.) eine Überlegung wert. Der Vorteil hierbei liegt darin, dass (ehemalige) Studierende, Lehrpersonal und Mitarbeiter der Fakultät SPR darauf weltweit von jedem Ort mit Internetzugang zugreifen können. Dadurch gelingt ein schneller und damit aktueller Informations- und Datenaustausch und den Beteiligten wird eine virtuelle Kommunikationsplattform gegeben, die nur registrierten Nutzern zur Verfügung steht. Dort könnten dann beispielsweise Praktikums- oder Stellenangebote veröffentlicht werden. Es zeigt, dass diese Möglichkeit der Kontaktpflege durchaus Zuspruch bei der Zielgruppe findet, zumal sich mithilfe einer solchen Vernetzung auch Verbindungen zu ehemaligen Kommilitonen verschiedener Jahrgänge und Studiengruppen problemlos wiederaufnehmen lassen.
Die in diesem Ausblick dargestellten Anregungen für die Weiterarbeit im Bereich der Absolventenforschung und der Alumniarbeit wurden von Elisa Wiesbaum formuliert und es handelt sich um Desiderate, welche in der Fakultät Angewandte Sprachen und Interkulturelle Kommunikation auf große Resonanz stoßen. Nachdem Jens Weyhe und Elisa Wiesbaum so viele wertvolle Ergebnisse geliefert haben, ist es nun Aufgabe der Fakultät hier praktikable Lösungen zur Umsetzung der Anregungen zu finden.[17]

[17] Allerdings – und das ist der Wermutstropfen in dem guten Wein - ist hierbei ebenfalls zu bedenken, dass damit ein erhöhter Forschungs- und Kommunikationsaufwand von Seiten der Fakultät betrieben werden müsste, für den im Moment wenig Kapazitäten zur Verfügung stehen.

Literaturverzeichnis

Armstrong, J. Scott/Overton, Terry S. (1977). Estimating Nonresponse Bias in Mail Surveys. In: Journal of Marketing Research (14. Auflage), 396 – 402. Verfügbar über: http://www.forecastingprinciples.com/paperpdf/Estimating%20Nonresponse %20Bias.pdf, Zugriffsdatum: 22.05.2011

Bandilla, Wolfgang/Bosnjak, Michael (2000). Perspektiven der Online-Forschung. In: Statistisches Bundesamt (Hg.): Neue Erhebungsinstrumente und Methodeneffekte. Schriftenreihe Spektrum Bundesstatistik; Band 15. Wiesbaden: Metzler Pöschel.

Beblo, Miriam/Kaiser Cornelia (2010). Von der FHW in den Beruf. Erste Auswertungen der Absolventenbefragung 2008/2009. In: Susanne Meyer/Bernd Pfeiffer (Hg.): Die gute Hochschule. Ideen, Konzepte und Perspektiven. Festschrift für Franz Herbert Rieger. Berlin: Edition Sigma, S. 359-382.

Bertz, Katharina (2010). Akkulturationsmodelle in der aktuellen Forschung. Metaanalyse neuester wissenschaftlicher Studien über die Akkulturation. Stuttgart: Ibidem.

Burkhardt, Anke/Schomburg, Harald/Teichler, Ulrich (2000). Hochschulstudium und Beruf. Ergebnisse von Absolventenstudien. Bonn: Herausgegeben vom Bundesministerium für Bildung und Forschung.

Bundeszentrale für politische Bildung (BPB) (2008). Nationale Pisa-Studie: Sachsen an der Spitze. Verfügbar über: http://www.bpb.de/themen/NQNKPL,0,0,Nationale_PisaStudie%3A_Sachsen_an_der_Spitze.html, Zugriffsdatum: 01.06.2011

Caspari, Alexandra (2006). Was macht Hochschulabsolventen erfolgreich? Eine Analyse der Determinanten beruflichen Erfolges anhand der Dresdner Absolventenstudien 2000 - 2004. Münster: Waxmann Verlag GmbH. Verfügbar über: http://www.zfev.de/fruehereAusgabe/ausgabe2006-1/abstracts/06-01-krempkow_de.pdf, Zugriffsdatum: 07.01.2011.

Da Silva, Vasco (2010). Critical Incidents in Spanien und Frankreich. Eine Evaluation studentischer Selbstanalysen, Stuttgart: Ibidem.

Diekmann, Andreas (2010). Empirische Sozialforschung. Grundlagen, Methoden, Anwendungen. 4. Auflage, Hamburg: Rowohlt Taschenbuch Verlag

E-Teaching (2010). Social Networking: Facebook, MySpace, StudiVZ und Co. Verfügbar über: http://www.e-teaching.org/didaktik/kommunikation/socialnetworking/, Zugriffsdatum: 28.01.2011.

Falk, Susanne/Reimer, Maike/Sarcletti, Andreas (2009). Studienqualität, Kompetenzen und Berufseinstieg in Bayern: Der Absolventenjahrgang 2004. München: Herausgegeben vom Bayerischen Staatsinstitut für Hochschulforschung und Hochschulplanung.

Häder, Michael (2006). Empirische Sozialforschung. Eine Einführung. 1. Auflage, Wiesbaden: VS Verlag für Sozialwissenschaften.

Heidenreich, Kevin (2011). Erwartungen der Wirtschaft an Hochschulabsolventen. Berlin: Herausgegeben vom Deutschen Industrie- und Handelskammertag e.V.

Isserstedt, Wolfgang/Middendorff, Elke/Fabian, Gregor/Wolter, Andrä (2007). Die wirtschaftliche und soziale Lage der Studierenden in der Bundesrepublik Deutschland 2006. 18. Sozialerhebung des Deutschen Studentenwerks durchgeführt durch HIS Hochschul-Informations-System. Bonn/Berlin: Herausgegeben vom Bundesministerium für Bildung und Forschung.

Isserstedt, Wolfgang/Middendorff, Elke/Kandulla, Elke/Bochert, Lars/Leszczensky, Michael (2010). Die wirtschaftliche und soziale Lage der Studierenden in der Bundesrepublik Deutschland 2009. 19. Sozialerhebung des Deutschen Studentenwerks durchgeführt durch HIS Hochschul-Informations-System. Bonn/Berlin: Herausgegeben vom Bundesministerium für Bildung und Forschung.

Jaeger, Michael/Kerst, Christian (2010). Potentiale und Nutzen von Absolventenbefragungen für das Hochschulmanagement. In: Beiträge zur Hochschulforschung 32, 4/2010, 8-23.

Julke, Ralf (2010). 1. Sächsische Absolventenstudie: Die Zahlen hinter der besungenen Effizienz. In: Leipziger Internetzeitung. Verfügbar über: http://www.liz.de/Bil-dung/Leipzig%20bildet/2010/08/Erste-Saechsische-Absolventenstudie.html, Zugriffsdatum: 12.05.2011

Kaase, Max (1999). Qualitätskriterien der Umfrageforschung. Berlin: Akademie Verlag.

Kaufmann, Benedict (2009). Qualitätssicherungssysteme an Hochschulen. Maßnahmen und Effekte. Eine empirische Studie. Bonn: Herausgegeben von der Hochschulrektorenkonferenz.

Kirchhoff, Sabine/Kuhnt, Sonja/Lipp, Peter/Schlawin, Siegfried (2010). Der Fragebogen. Datenbasis, Konstruktion und Auswertung. 5. Auflage, Wiesbaden: VS Verlag für Sozialwissenschaften.

Kolte, Birgitta/Scholz, Sabine (o.J.). Projektbericht Berufsfeldanalysen. Befragungen von Absolventen & Absolventinnen. Diplom Psychologie. Magister Kulturwissenschaft. Bachelor Soziologie. Verfügbar über: http://www.careercenter.

uni-bremen.de/pdfs/Bericht_Absolventenbefragungen_Projekt_Berufsfeldanalysen .pdf, Zugriffsdatum: 25.11.2010.

Kompetenzzentrum für Bildungs- und Hochschulplanung, Sächsisches (KfBH) (2011). Arbeitsfelder. Verfügbar über: http://www.kfbh.de/arb eitsfelder.html, Zugriffsdatum: 23.05.2011

Krempkow, René/Pastohr, Mandy (o.J.). Was macht Hochschulabsolventen erfolgreich? Eine Analyse der Determinanten beruflichen Erfolges anhand der Dresdner Absolventenstudien 2000-2004. Verfügbar über: http://www.kfbh.de/downloads/ Was_macht_Hochschulabsolventen_erfolgreich.pdf, Zugriffsdatum: 28.01.2011.

Kühne, Mike (2009). Berufserfolg von Akademikerinnen und Akademikern. Theoretische Grundlagen und empirische Analysen. 1. Auflage, Wiesbaden: VS Verlag für Sozialwissenschaften.

Lauterbach, Gwendolin (2010). Zu Gast in China. Interkulturelles Lernen in chinesischen Gastfamilien. Eine Längsschnittstudie über die Erfahrungen deutscher Gäste. Stuttgart: Ibidem

Lauterbach, Gwendolin (2012). Hierarchie in internationalen Hochschulkooperationen. Eine Studie zu deutsch-kirgisischer Projektarbeit. Stuttgart: Ibidem.

Lenz, Karl/Wolter, Andrä/Reiche, Claudia/Fuhrmann, Michala/Frohwieser, Dana/Otto, Martin/Pelz, Robert/Vodel, Sindy S. (2010). Studium und Berufseinstieg. Ergebnisse der ersten Sächsischen Absolventenstudie. 2. Auflage, Dresden: Herausgegeben von der Technischen Universität Dresden, Sächsisches Kompetenzzentrum für Bildungs- und Hochschulplanung.

Leszczensky, Michael/Isserstedt, Wolfgang/Middendorf, Elke/Kandulla, Maren/Borchert, Lars (2010). Die wirtschaftliche und soziale Lage der Studierenden in der Bundesrepublik Deutschland 2009. 19. Sozialerhebung des Deutschen Studentenwerks durchgeführt durch HIS Hochschul-Informations-System. Bonn/Berlin: Herausgegeben vom Bundesministerium für Bildung und Forschung

Martini, Mareike (2008). Deutsch-kubanische Arbeitsbesprechungen. Eine gesprächsanalytische Studie zu gedolmetschter Kommunikation in internationalen Hochschulkooperationen. Tübingen: Stauffenburg.

Meyer, Susanne/Pfeiffer, Bernd (2010). Die gute Hochschule. Ideen, Konzepte und Perspektiven. Festschrift für Franz Herbert Rieger. Berlin: Edition Sigma.

Pasternack, Peer/Bloch, Roland/Hechler, Daniel/Schulze, Henning (2010). Lehre und Studium im Kontakt zur beruflichen Praxis. Hochschule-Praxis-Kooperationen an mitteldeutschen Hochschulen. In: Peer Pasternack (Hg.): Relativ prosperierend. Sachsen, Sachsen-Anhalt und Thüringen: Die mitteldeutsche Region und ihre Hochschulen. Leipzig: Akademische Verlagsanstalt, S. 335-366.

Richter, Andrea (2011). Auslandsaufenthalte während des Studiums – Stationen, Bewältigungsstrategien und Auswirkungen. Eine qualitative Studie, Stuttgart: Ibidem.

Schomburg, Harald (2001). Handbuch zur Durchführung von Absolventenstudien. Verfügbar über: http://www.unikassel.de/wz1/f_allepro/PROJEKTE/ABS/stab01. pdf, Zugriffsdatum: 25.11.2010.

Staatsministerium für Wissenschaft und Kultur, sächsisches (SMWK) (2010). Sabine von Schorlemer: Absolventinnen und Absolventen sind mit ihrem Studium an sächsischen Universitäten und Fachhochschulen sehr zufrieden. Verfügbar über: http://www.medien service.sachsen.de/ medien/news/157713?page=2, Zugriffsdatum: 30.05.2011

Statista (o.J.). Ratingskala. Verfügbar über: http://de.statista.com/statistik/lexikon/definition/111/ratingskala/, Zugriffsdatum: 15.01.2011.

Stoll, Ulrike (2009). Ergebnisse der Absolventenbefragung 2008. Stuttgart: Herausgegeben vom Statistischen Landesamt Baden-Württemberg.

Silva, Vasco da (2010). Critical Incidents in Spanien und Frankreich. Eine Evaluation studentischer Selbstanalysen. Stuttgart: Ibidem

Technische Universität Dresden (TUD), Philosophische Fakultät (2008). Sächsisches Kompetenzzentrum für Bildungs- und Hochschulplanung. Verfügbar über: http://tu-dresden.de/die_tu_dresden/fakultaeten/philosophische_fakultaet/for/fe/kfbh, Zugriffsdatum: 23.05.2011

Teichler, Ulrich/Schomburg, Harald (1997). Evaluation von Hochschulen auf der Basis von Absolventenstudien. Erfahrungen und Überlegungen aus der Bundesrepublik Deutschland. In: Herbert Altrichter/Michael Schratz/Hans Pechar (Hg.): Hochschulen auf dem Prüfstand. Was bringt Evaluation für die Entwicklung von Universitäten und Fachhochschulen? Innsbruck: StudienVerlag, S. 235-260.

Weyhe, Jens (2012). Zwischen Hochschule und Arbeitsmarkt. Eine empirische Untersuchung über die retrospektive Bewertung der Studienqualität und den weiteren Berufs- und Bildungsverlauf von Absolventen international ausgerichteter Studiengänge (Diplomarbeit). Zwickau: Westsächsische Hochschule

WHZ (2003a). Fachbereich Sprachen. Diplomprüfungsordnung für den Studiengang Wirtschaftsfrankoromanistik vom 08.01.2003. Verfügbar über: http://www.fh-zwickau.de/fileadmin/ugroups/sprachen/Materilien-FB-Seite/Downloads/Studienordnungen/diplompruef frankoroma.pdf, Zugriffsdatum: 15.01.2011.

WHZ (2003b). Fachbereich Sprachen. Ordnung für das berufspraktische Studiensemester im Ausland (OBSA) für den Studiengang Wirtschaftsfrankoromanistik vom 08.01.2003. Verfügbar über: http://www.fh-zwickau.de/fileadmin/ugroups/

sprachen/Materilien-FB-Seite/Downloads/Studienordnungen/obsa-franko.pdf, Zugriffsdatum: 11.01.2011.

WHZ (2007). Lehrbericht des Fachbereiches Sprachen für das Jahr 2006. Verfügbar über: http://bibdoc.hrz.fh-zwickau.de/volltexte/2007/4265/pdf/Lehrbericht_2006_Sprachen.pdf, Zugriffsdatum: 19.01.2011.

WHZ (2008a). Großer Lehrbericht 2007. Studiengänge Wirtschaftshispanistik, Wirtschaftsfrankoromanistik, Wirtschaftssinologie. Verfügbar über: http://bibdoc.hrz.fh-zwickau.de/volltexte/2008/5426/pdf/Grosser_Lehrbericht_Sprachen_2007.pdf, Zugriffsdatum: 29.01.2011.

WHZ (2008b). Bachelorstudiengang Languages and Business Administration. Verfügbar über: http://www.fh-zwickau.de/index.php?id=1868, Zugriffsdatum: 13.04.2011

WHZ (2009). Lehrbericht 2008. Studiengänge Wirtschaftshispanistik, Wirtschaftsfrankoromanistik, Wirtschaftssinologie, Languages and Business Administration. Verfügbar über: http://bibdoc.hrz.fh-zwickau.de/ volltete/2009/6597/pdf/ Kl_Lehrbericht_2008_SPR.pdf, Zugriffsdatum: 07.01.2011.

WHZ (o.J.). Studienvoraussetzungen für Bachelor- bzw. Diplomstudiengänge. Verfügbar über: http://www.fh-zwickau.de/index.php?id=7860, Zugriffsdatum: 09.01.2011.

Wiesbaum, Elisa (2011). Zwischen Hochschule und Arbeitsmarkt. Eine empirische Untersuchung über die retrospektive Bewertung der Studienqualität und den weiteren Berufs- und Bildungsverlauf von Absolventen international ausgerichteter Studiengänge (Diplomarbeit). Zwickau: Westsächsische Hochschule

Wirtz, Markus/Nachtigall, Christof (1998). Deskriptive Statistik. Statistische Methoden für Psychologen. Teil 1. Weinheim/München: Juventa Verlag.

Anhang

Inhaltsverzeichnis

Fragebogen

Retrospektive Bewertung der Studienqualität und weiterer Berufs- und Bildungsverlauf von Absolventen der Fakultät Sprachen der WHZ

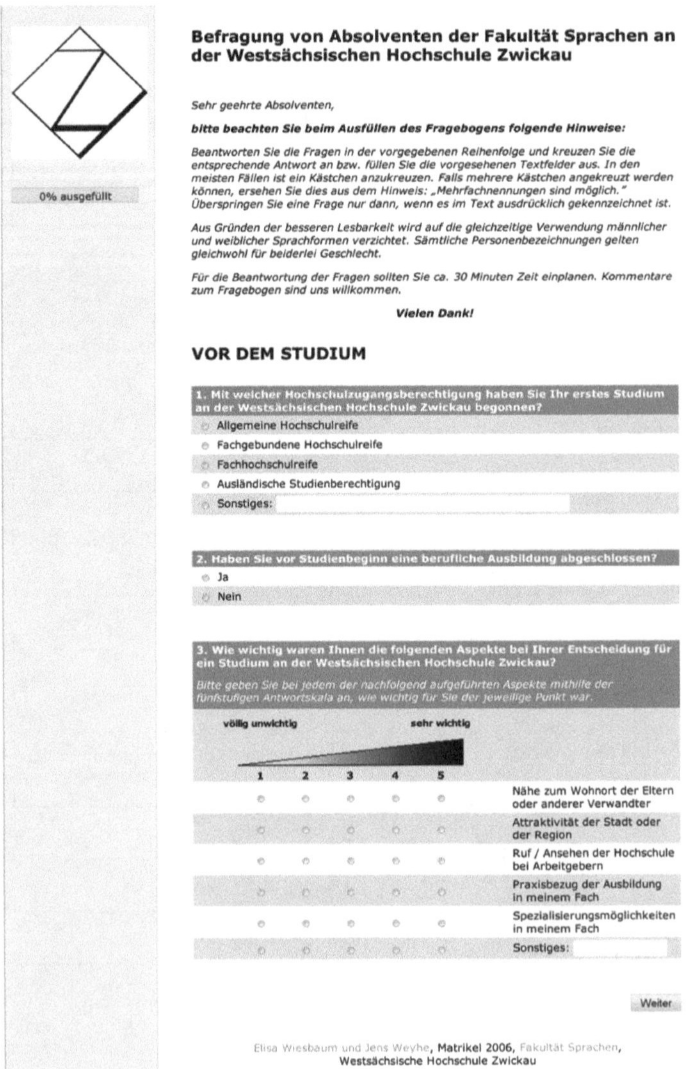

0% ausgefüllt

Befragung von Absolventen der Fakultät Sprachen an der Westsächsischen Hochschule Zwickau

Sehr geehrte Absolventen,

bitte beachten Sie beim Ausfüllen des Fragebogens folgende Hinweise:

Beantworten Sie die Fragen in der vorgegebenen Reihenfolge und kreuzen Sie die entsprechende Antwort an bzw. füllen Sie die vorgesehenen Textfelder aus. In den meisten Fällen ist ein Kästchen anzukreuzen. Falls mehrere Kästchen angekreuzt werden können, ersehen Sie dies aus dem Hinweis: „Mehrfachnennungen sind möglich." Überspringen Sie eine Frage nur dann, wenn es im Text ausdrücklich gekennzeichnet ist.

Aus Gründen der besseren Lesbarkeit wird auf die gleichzeitige Verwendung männlicher und weiblicher Sprachformen verzichtet. Sämtliche Personenbezeichnungen gelten gleichwohl für beiderlei Geschlecht.

Für die Beantwortung der Fragen sollten Sie ca. 30 Minuten Zeit einplanen. Kommentare zum Fragebogen sind uns willkommen.

Vielen Dank!

VOR DEM STUDIUM

1. Mit welcher Hochschulzugangsberechtigung haben Sie Ihr erstes Studium an der Westsächsischen Hochschule Zwickau begonnen?

- Allgemeine Hochschulreife
- Fachgebundene Hochschulreife
- Fachhochschulreife
- Ausländische Studienberechtigung
- Sonstiges:

2. Haben Sie vor Studienbeginn eine berufliche Ausbildung abgeschlossen?

- Ja
- Nein

3. Wie wichtig waren Ihnen die folgenden Aspekte bei Ihrer Entscheidung für ein Studium an der Westsächsischen Hochschule Zwickau?

Bitte geben Sie bei jedem der nachfolgend aufgeführten Aspekte mithilfe der fünfstufigen Antwortskala an, wie wichtig für Sie der jeweilige Punkt war.

völlig unwichtig — sehr wichtig

1	2	3	4	5	
○	○	○	○	○	Nähe zum Wohnort der Eltern oder anderer Verwandter
○	○	○	○	○	Attraktivität der Stadt oder der Region
○	○	○	○	○	Ruf / Ansehen der Hochschule bei Arbeitgebern
○	○	○	○	○	Praxisbezug der Ausbildung in meinem Fach
○	○	○	○	○	Spezialisierungsmöglichkeiten in meinem Fach
○	○	○	○	○	Sonstiges:

Weiter

Elisa Wiesbaum und Jens Weyhe, Matrikel 2006, Fakultät Sprachen, Westsächsische Hochschule Zwickau

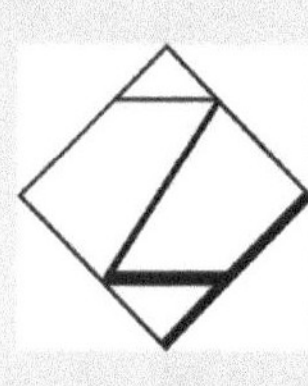

7% ausgefüllt

WÄHREND DES STUDIUMS

Die folgenden Fragen zum Studienverlauf beziehen sich auf Ihr erstes Studium an der Westsächsischen Hochschule Zwickau.

4. Welches Studienfach haben Sie abgeschlossen?

- ○ Wirtschaftsfrankoromanistik
- ○ Wirtschaftshispanistik
- ○ Wirtschaftssinologie

5. Welchen fachlichen Studienschwerpunkt haben Sie gewählt?

Mehrfachnennungen sind möglich.

- ☐ Internationales Marketing
- ☐ Internationale Unternehmensführung / Controlling
- ☐ Logistik
- ☐ Sonstiges: ______

6. Wie nützlich war für Sie das Studiensemester an einer ausländischen Hochschule hinsichtlich der folgenden Aspekte?

Bitte kreuzen Sie jede Zeile an.

gar nicht nützlich — sehr nützlich

1	2	3	4	5	
○	○	○	○	○	Andere Kulturen kennen und verstehen
○	○	○	○	○	Orientierungshilfe bei der Studiengestaltung
○	○	○	○	○	Orientierungshilfe bei der Berufswahl
○	○	○	○	○	Sprachkompetenz
○	○	○	○	○	Erwerb von fachlichen Kompetenzen
○	○	○	○	○	Erwerb von fachübergreifenden Kompetenzen (z.B. Präsentation, Teamarbeit, Zeitmanagement)
○	○	○	○	○	Knüpfen von Kontakten für den späteren Berufseinstieg

Zurück Weiter

Elisa Wiesbaum und Jens Weyhe, **Matrikel 2006**, Fakultät Sprachen, **Westsächsische Hochschule Zwickau**

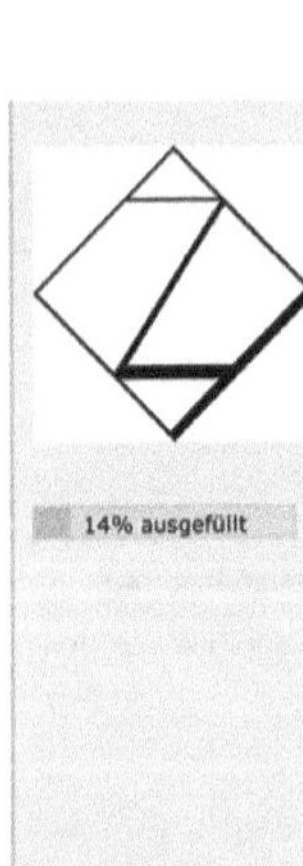

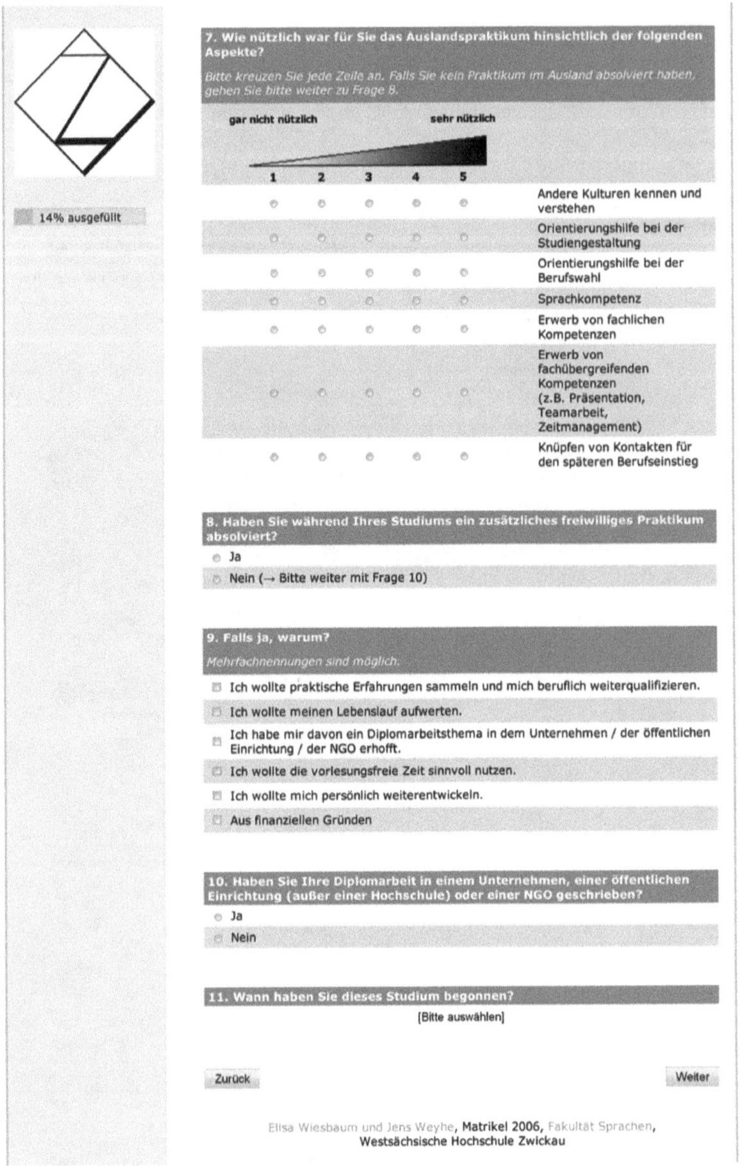

14% ausgefüllt

7. Wie nützlich war für Sie das Auslandspraktikum hinsichtlich der folgenden Aspekte?

Bitte kreuzen Sie jede Zeile an. Falls Sie kein Praktikum im Ausland absolviert haben, gehen Sie bitte weiter zu Frage 8.

gar nicht nützlich — sehr nützlich

1	2	3	4	5	
○	○	○	○	○	Andere Kulturen kennen und verstehen
○	○	○	○	○	Orientierungshilfe bei der Studiengestaltung
○	○	○	○	○	Orientierungshilfe bei der Berufswahl
○	○	○	○	○	Sprachkompetenz
○	○	○	○	○	Erwerb von fachlichen Kompetenzen
○	○	○	○	○	Erwerb von fachübergreifenden Kompetenzen (z.B. Präsentation, Teamarbeit, Zeitmanagement)
○	○	○	○	○	Knüpfen von Kontakten für den späteren Berufseinstieg

8. Haben Sie während Ihres Studiums ein zusätzliches freiwilliges Praktikum absolviert?

- ○ Ja
- ○ Nein (→ Bitte weiter mit Frage 10)

9. Falls ja, warum?

Mehrfachnennungen sind möglich.

- ☐ Ich wollte praktische Erfahrungen sammeln und mich beruflich weiterqualifizieren.
- ☐ Ich wollte meinen Lebenslauf aufwerten.
- ☐ Ich habe mir davon ein Diplomarbeitsthema in dem Unternehmen / der öffentlichen Einrichtung / der NGO erhofft.
- ☐ Ich wollte die vorlesungsfreie Zeit sinnvoll nutzen.
- ☐ Ich wollte mich persönlich weiterentwickeln.
- ☐ Aus finanziellen Gründen

10. Haben Sie Ihre Diplomarbeit in einem Unternehmen, einer öffentlichen Einrichtung (außer einer Hochschule) oder einer NGO geschrieben?

- ○ Ja
- ○ Nein

11. Wann haben Sie dieses Studium begonnen?

[Bitte auswählen]

Zurück Weiter

Elisa Wiesbaum und Jens Weyhe, **Matrikel 2006**, Fakultät Sprachen, **Westsächsische Hochschule Zwickau**

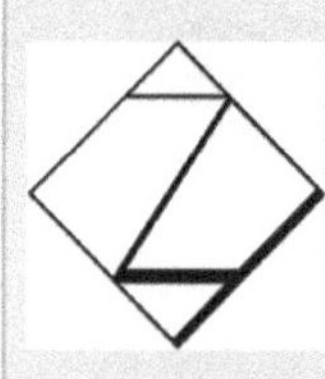

21% ausgefüllt

12. Wann haben Sie dieses Studium abgeschlossen?

Bitte geben Sie den Monat und das Jahr der letzten erbrachten Prüfungsleistung an (z.B. Abgabe der Abschlussarbeit, letzte mündliche oder schriftliche Prüfung).

13. Mit welcher Gesamtnote haben Sie dieses Studium abgeschlossen?

z.B. 2,3

14. Wie finanzierten Sie sich hauptsächlich Ihren Lebensunterhalt während des Studiums?

Bitte geben Sie nur die ***wichtigste*** *Finanzierungsquelle an.*

- Durch Eltern, Verwandte
- Durch Ehepartner
- Durch Leistungen nach dem BAföG
- Durch Stipendien
- Durch Tutor- oder Hilfskraftjobs an der Hochschule
- Durch Erwerbstätigkeit außerhalb der Hochschule
- Sonstiges:

BEWERTUNG DES STUDIUMS

Bitte beantworten Sie auch die Fragen in diesem dritten Teil mit Bezug auf Ihr Studium an der Westsächsischen Hochschule Zwickau, das zum ersten Abschluss führte.

15. Wie nützlich waren einzelne Elemente des Studienprogramms für Ihre bisherige Berufstätigkeit?

Bitte kreuzen Sie jede Zeile an. Falls Sie bisher nicht berufstätig waren, gehen Sie bitte weiter zu Frage 16.

gar nicht nützlich — sehr nützlich

1	2	3	4	5	
○	○	○	○	○	Inhalte der Lehrveranstaltungen
○	○	○	○	○	Breite des Lehrangebots
○	○	○	○	○	Spezialisierungsmöglichkeiten
○	○	○	○	○	Auslandsstudium
○	○	○	○	○	Auslandspraktikum
○	○	○	○	○	Wissenschaftliche Methoden
○	○	○	○	○	Forschungsbezug der Studien- oder Projektarbeiten
○	○	○	○	○	Praxisbezug der Studien- oder Projektarbeiten
○	○	○	○	○	Praxisbezug der Lehre

Zurück — Weiter

Elisa Wiesbaum und Jens Weyhe, **Matrikel 2006**, Fakultät Sprachen, Westsächsische Hochschule Zwickau

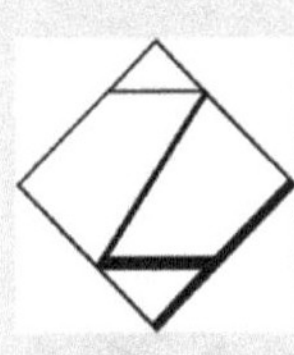

29% ausgefüllt

16. Wie würden Sie sich hinsichtlich Ihrer Studienentscheidung aus heutiger Sicht verhalten?

Bitte kreuzen Sie jede Zeile an.

Würden Sie wieder ...	ja	nein
... studieren?	○	○
... dasselbe Fach studieren?	○	○
... denselben Hochschultyp (Fachhochschule) wählen?	○	○
... an derselben Hochschule studieren?	○	○

17. Wir geben Ihnen an dieser Stelle die Möglichkeit, sich zu verschiedenen Aspekten des Studiums zu äußern.

Stärken:

Schwächen:

Sonstiges:

18. Welche Veränderungen des Hochschulstudiums (fachliche Akzente, Lehrformen o.Ä.) würden Sie nach Ihren bisherigen beruflichen Erfahrungen anregen?

Falls Sie bisher nicht berufstätig waren, gehen Sie bitte weiter zu Frage 19.

NACH DEM STUDIUM

Die folgenden Fragen beziehen sich auf die Zeit nach dem Abschluss Ihres ersten Studiums an der Westsächsischen Hochschule Zwickau.

19. Bitte geben Sie an, in welchen Beschäftigungssituationen Sie sich in verschiedenen Zeiträumen befunden haben oder welche Tätigkeiten Sie ausübten, seit Sie Ihren ersten Studienabschluss an der Westsächsischen Hochschule Zwickau erwarben und wie sich Ihre gegenwärtige Beschäftigungssituation charakterisieren lässt.

*Bitte markieren Sie dazu jeweils Ihre Beschäftigungssituation mit **einer** Angabe pro definiertem Zeitraum. Falls sich innerhalb eines Zeitraums die Beschäftigungssituation geändert hat oder falls Sie mehrere Tätigkeiten ausübten, kennzeichnen Sie nur die **wichtigere** Kategorie.*

	erwerbstätig (auch Trainee o.Ä.)	berufliche Ausbildung	weiteres Studium, Master, Promotion	Arbeitslosigkeit	Praktikum	keine Beschäftigungssuche	Jobben
1 - 6 Monate nach Abschluss	○	○	○	○	○	○	○
6 - 12 Monate nach Abschluss	○	○	○	○	○	○	○
> 12 Monate nach Abschluss	○	○	○	○	○	○	○
Gegenwärtig	○	○	○	○	○	○	○

Zurück Weiter

Elisa Wiesbaum und Jens Weyhe, **Matrikel 2006**, Fakultät Sprachen, Westsächsische Hochschule Zwickau

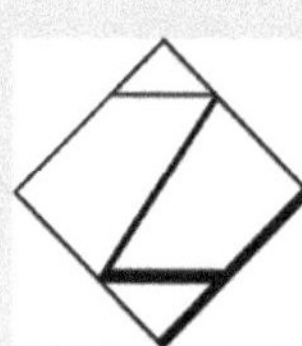

36% ausgefüllt

20. Wann haben Sie begonnen, sich aktiv eine Stelle / Beschäftigung für die Zeit nach dem Studium zu suchen?

- Noch gar nicht (→ Bitte weiter mit Frage 39)
- Ich habe eine Stelle erhalten, ohne aktiv zu suchen.
- Vor Studienabschluss
- Ungefähr zur Zeit des Studienabschlusses
- Nach Studienabschluss, ca. ____ Monate danach

21. Bei wie vielen Unternehmen und Institutionen haben Sie sich beworben? Wie oft wurden Sie zu Vorstellungsgesprächen eingeladen und wie viele Stellenangebote haben Sie erhalten?

Anzahl der Bewerbungen	
Anzahl der Vorstellungsgespräche	
Anzahl der erhaltenen Stellenangebote	

22. Welche Schwierigkeiten sind Ihnen bei Ihrer Stellensuche, unabhängig von deren Erfolg, bislang begegnet?

Mehrfachnennungen sind möglich.

- Es wurden nur wenige Stellen angeboten.
- Es wurden hauptsächlich Praktikumsstellen angeboten.
- Es wurden meist Absolventen mit einem anderen Studienschwerpunkt gesucht.
- Es wurden überwiegend Bewerber mit Berufserfahrung gesucht.
- Oft wurde ein anderer Studienabschluss verlangt.
- Es wurden Kenntnisse und Fähigkeiten verlangt, die im Studium nicht vermittelt wurden.
- Es wurden spezielle Kenntnisse verlangt, die ich nicht habe (z.B. EDV, Fremdsprachen).
- Die angebotenen Stellen entsprachen nicht meinen inhaltlichen Vorstellungen.
- Die angebotenen Stellen entsprachen nicht meinen Gehaltsvorstellungen.
- Die angebotenen Stellen entsprachen nicht meinen Vorstellungen über Arbeitszeit und / oder Arbeitsbedingungen.
- Die angebotenen Stellen waren zu weit entfernt.
- Die angebotenen Stellen ließen sich nicht mit der Familie vereinbaren.
- Ich weiß nicht, in welchem Bereich ich arbeiten möchte.
- Sonstiges:
- Es gab keine Schwierigkeiten bei der Stellensuche.

Zurück Weiter

Elisa Wiesbaum und Jens Weyhe, Matrikel 2006, Fakultät Sprachen, Westsächsische Hochschule Zwickau

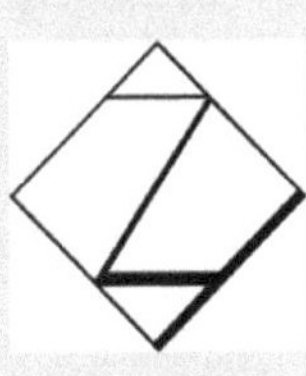

43% ausgefüllt

ERSTE UND AKTUELLE ERWERBSTÄTIGKEIT

*Die folgenden Fragen beziehen sich auf Ihre **erste** und Ihre **aktuelle** bezahlte Hauptbeschäftigung nach Studienabschluss (ohne Gelegenheitsjobs). Falls Sie aktuell nicht erwerbstätig sind, beantworten Sie die Fragen bitte für Ihre **letzte** Beschäftigung. Falls Sie zeitgleich mehr als einer Erwerbstätigkeit nachgehen bzw. nachgingen, beantworten Sie die Fragen bitte für die Ihnen **wichtigere** Beschäftigung.*

23. Ist die erste Erwerbstätigkeit nach Studienabschluss gleichzeitig Ihre aktuelle bzw. zuletzt ausgeübte Erwerbstätigkeit?

- ○ Ja, die erste Stelle ist die aktuelle bzw. letzte Stelle.
- ○ Nein, die erste Stelle ist nicht die aktuelle bzw. letzte Stelle.

24. Wie haben Sie Ihre erste bzw. aktuelle Erwerbstätigkeit gefunden?

Mehrfachnennungen sind möglich. Falls Ihre erste und aktuelle Stelle gleich sind, beantworten Sie diese Frage bitte nur für die erste Tätigkeit.

	erste Stelle	aktuelle Stelle	bei beiden Stellen gleich
Bewerbung auf eine Annonce	○	○	○
Initiativbewerbung	○	○	○
Stellenausschreibung in einer Jobbörse (z.B. Monster, Stepstone) oder auf einer Plattform (z.B. Xing, Facebook) im Internet	○	○	○
Der Arbeitgeber ist an mich herangetreten.	○	○	○
Ich habe mich selbstständig gemacht.	○	○	○
Vermittlung von Eltern / Freunden / Kommilitonen	○	○	○
Einstieg in das Unternehmen der Eltern	○	○	○
Engagement in einer Initiative	○	○	○
Vermittlung der Hochschule (z.B. Career Service, Kontakte eines Hochschullehrers)	○	○	○
Vermittlung über die Arbeitsagentur	○	○	○
Private Vermittlungsagenturen	○	○	○
Kontakte durch Messen, Kontaktbörsen usw.	○	○	○
Nebenjob während des Studiums	○	○	○
Bestehende Verbindungen aus einem Praktikum / einem Auslandsaufenthalt / der Diplomarbeit	○	○	○
Ausbildung / Tätigkeit vor dem Studium	○	○	○
Sonstiges: (bitte ggf. ergänzen für die erste Stelle)	○	○	○
Sonstiges: (bitte ggf. ergänzen für die aktuelle Stelle)	○	○	○

25. Wie lange haben Sie insgesamt gesucht, bis feststand, dass Sie Ihre erste berufliche Tätigkeit übernehmen können?

Monate

Zurück Weiter

Elisa Wiesbaum und Jens Weyhe, Matrikel 2006, Fakultät Sprachen, Westsächsische Hochschule Zwickau

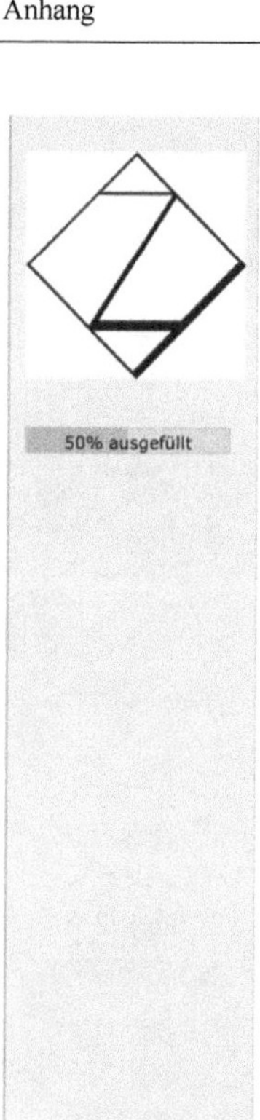

26. Wie wichtig waren Ihrer Einschätzung nach die folgenden Aspekte bei der Entscheidung für die Besetzung Ihrer Stelle?

Bitte kreuzen Sie jede Zeile an.

völlig unwichtig 1	2	3	4	sehr wichtig 5	
○	○	○	○	○	Studierte Fachrichtung
○	○	○	○	○	Fachliche Studienschwerpunkte
○	○	○	○	○	Thema der Abschlussarbeit
○	○	○	○	○	Examensnoten an der Hochschule
○	○	○	○	○	Ruf / Ansehen der besuchten Hochschule
○	○	○	○	○	Ruf / Ansehen des Fachbereichs
○	○	○	○	○	Vorherige berufspraktische Erfahrungen
○	○	○	○	○	Persönlichkeit
○	○	○	○	○	Auslandserfahrung
○	○	○	○	○	Eigene Weltanschauung / Religion
○	○	○	○	○	Sonstiges:

27. Hat das internationale Profil Ihres Studiengangs (integrierter Auslandsaufenthalt, Vermittlung von drei Fremdsprachen und Kenntnissen der interkulturellen Kommunikation) Ihnen Ihrer Einschätzung nach gegenüber Mitbewerbern auf dem Arbeitsmarkt Vorteile verschafft?

○ Ja

○ Nein

○ Weiß nicht

EINARBEITUNG IN DIE ERSTE STELLE NACH STUDIENABSCHLUSS

28. Wie lässt sich die Phase der Einarbeitung in Ihre erste berufliche Tätigkeit nach Studienabschluss am besten beschreiben?

○ Keine Einarbeitungszeit, sofortige Übernahme normaler Aufgaben

○ Einarbeitungszeit von bis zu 4 Wochen

○ Einarbeitungszeit von ____ Wochen

Zurück Weiter

Elisa Wiesbaum und Jens Weyhe, **Matrikel 2006**, Fakultät Sprachen, Westsächsische Hochschule Zwickau

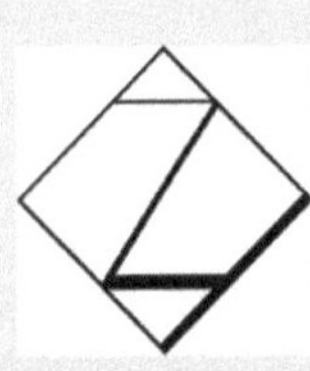

57% ausgefüllt

AKTUELLE ERWERBSTÄTIGKEIT

*Die folgenden Fragen beziehen sich auf Ihre **aktuelle** Erwerbstätigkeit. Falls Sie aktuell nicht erwerbstätig sind, beantworten Sie die Fragen bitte für Ihre **letzte** Beschäftigung. Falls Sie mehr als einer Erwerbstätigkeit nachgehen bzw. nachgingen, beantworten Sie die Fragen bitte für die Ihnen **wichtigere** Beschäftigung.*

29. Haben Sie seit Studienabschluss den Arbeitgeber / die Beschäftigung gewechselt?

- Ja, einmal
- Ja, mehrfach
- Nein

30. Welchem Wirtschaftsbereich gehört bzw. gehörte das Unternehmen / die Institution, in der Sie arbeiten bzw. arbeiteten, schwerpunktmäßig an?

- Land- und Forstwirtschaft, Energie und Bergbau, Wasserwirtschaft, Fischerei
- Verarbeitendes Gewerbe, Industrie, Bau
- Dienstleistungen
- Gesundheits-, Sozial- und Veterinärwesen
- Bildung, Forschung, Kultur
- Nicht gewinnorientierte Verbände, Organisationen, Stiftungen
- Allgemeine öffentliche Verwaltung
- Sonstiges:

31. Arbeiten bzw. arbeiteten Sie in einem internationalen Umfeld (z.B. mit ausländischen Kollegen) oder sind bzw. waren Sie in eventuell vorhandene internationale Geschäftsbeziehungen Ihres Arbeitgebers eingebunden?

- Ja
- Nein

32. Bitte skizzieren Sie knapp Ihre hauptsächlichen Tätigkeiten in Ihrer aktuellen bzw. letzten Erwerbstätigkeit!

33. Wie viele Beschäftigte hat bzw. hatte das Unternehmen / die Institution, in dem / der Sie arbeiten bzw. arbeiteten?

- 1 - 49 Beschäftigte
- 50 - 500 Beschäftigte
- > 500 Beschäftigte

34. Sind bzw. waren Sie vollzeitbeschäftigt?

- Ja
- Nein, ich bin bzw. war teilzeitbeschäftigt mit ca. Stunden pro Woche.
- Ohne fest vereinbarte Arbeitszeit mit ca. Stunden pro Woche
- Trifft nicht zu, ich bin bzw. war selbstständig / freiberuflich tätig.

Zurück Weiter

Elisa Wiesbaum und Jens Weyhe, **Matrikel 2006**, Fakultät Sprachen, **Westsächsische Hochschule Zwickau**

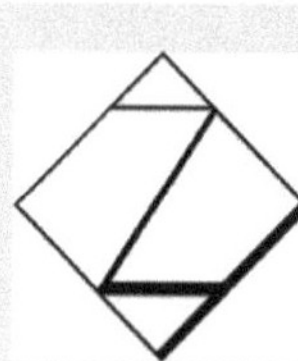

64% ausgefüllt

35. Sind bzw. waren Sie Vorgesetzter für andere Beschäftigte?

- Ja, für insgesamt Beschäftigte, davon Beschäftigte mit Hochschulabschluss
- Nein, keine Leitungsaufgaben

36. Was ist bzw. war Ihre berufliche Stellung?

- Leitender Angestellter (z.B. Abteilungsleiter, Prokurist, Direktor)
- Wissenschaftlich qualifizierter Angestellter mit mittlerer Leitungsfunktion (z.B. Projekt-Gruppenleiter)
- Wissenschaftlich qualifizierter Angestellter ohne Leitungsfunktion
- Qualifizierter Angestellter (z.B. Sachbearbeiter)
- Ausführender Angestellter (z.B. Verkäufer, Schreibkraft)
- Selbstständig in freien Berufen
- Selbstständiger Unternehmer
- Selbstständig mit Honorar- / Werkvertrag
- Beamter im höheren Dienst
- Beamter im gehobenen Dienst
- Sonstige berufliche Stellung

37. Wo ist bzw. war Ihre Erwerbstätigkeit?

Falls sich der Ort Ihrer Erwerbstätigkeit außerhalb Deutschlands befindet, ergänzen Sie bitte das Land des entsprechenden Kontinents, in dem Sie erwerbstätig sind bzw. waren.

Baden-Württemberg	Saarland
Bayern	Sachsen
Berlin	Sachsen-Anhalt
Brandenburg	Schleswig-Holstein
Bremen	Thüringen
Hamburg	Europa:
Hessen	Asien:
Mecklenburg-Vorpommern	Amerika:
Niedersachsen	Afrika:
Nordrhein-Westfalen	Australien / Ozeanien:
Rheinland-Pfalz	

38. Wie hoch ist bzw. war das monatliche Bruttoeinkommen Ihrer Erwerbstätigkeit (ohne Zulagen, ohne Abzug von Steuern)?

- < 900 €
- 900 € - 1 999 €
- 2 000 € - 3 199 €
- 3 200 € - 4 500 €
- > 4 500 €

Zurück Weiter

Elisa Wiesbaum und Jens Weyhe, **Matrikel 2006**, Fakultät Sprachen, Westsächsische Hochschule Zwickau

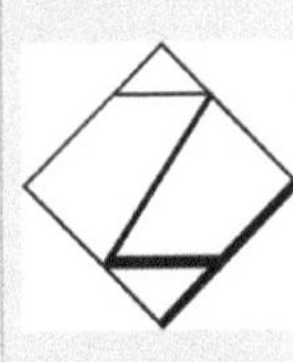

71% ausgefüllt

BERUFLICHE ANFORDERUNGEN UND QUALIFIKATIONSVERWENDUNG

39. Bitte geben Sie an, in welchem Maße Sie bei Studienabschluss über die folgenden Kompetenzen verfügt haben.

Bitte kreuzen Sie jede Zeile an.

in sehr geringem Maße 1	2	3	4	in sehr hohem Maße 5	
○	○	○	○	○	Spezielles Fachwissen
○	○	○	○	○	Breites Grundlagenwissen
○	○	○	○	○	Kenntnisse wissenschaftlicher Methoden
○	○	○	○	○	Fachübergreifendes Denken
○	○	○	○	○	Erste Wirtschaftsfremdsprache
○	○	○	○	○	Wirtschaftsenglisch
○	○	○	○	○	Dritte Wirtschaftsfremdsprache
○	○	○	○	○	Kenntnisse in EDV
○	○	○	○	○	Schriftliche Ausdrucksfähigkeit
○	○	○	○	○	Mündliche Ausdrucksfähigkeit
○	○	○	○	○	Führungsqualitäten
○	○	○	○	○	Organisationsfähigkeit
○	○	○	○	○	Verhandlungsgeschick
○	○	○	○	○	Kooperationsfähigkeit
○	○	○	○	○	Zeitmanagement
○	○	○	○	○	Kenntnisse auf dem Fachgebiet der interkulturellen Kommunikation
○	○	○	○	○	Betriebswirtschaftliche Kenntnisse
○	○	○	○	○	Volkswirtschaftliche Kenntnisse
○	○	○	○	○	Rechtskenntnisse
○	○	○	○	○	Fähigkeit, sich in neue Fachgebiete einzuarbeiten
○	○	○	○	○	Fähigkeit, Wissenslücken zu schließen
○	○	○	○	○	Fähigkeit, Verantwortung zu übernehmen
○	○	○	○	○	Konfliktmanagement
○	○	○	○	○	Problemlösungsfähigkeit
○	○	○	○	○	Analytische Fähigkeiten
○	○	○	○	○	Selbstständiges Arbeiten
○	○	○	○	○	Kreativität
○	○	○	○	○	Andere Kulturen kennen und verstehen

Zurück   Weiter

Elisa Wiesbaum und Jens Weyhe, **Matrikel 2006,** Fakultät Sprachen, **Westsächsische Hochschule Zwickau**

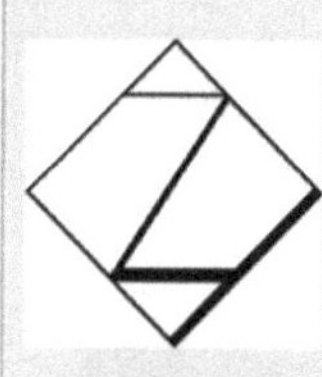

79% ausgefüllt

40. Bitte geben Sie an, in welchem Maße die folgenden Kompetenzen bei Ihrer aktuellen beruflichen Tätigkeit gefordert sind.

Bitte kreuzen Sie jede Zeile an. Falls Sie aktuell nicht erwerbstätig sind, beantworten Sie die Fragen bitte für Ihre letzte Erwerbstätigkeit. Falls Sie bisher nicht berufstätig waren, gehen Sie bitte weiter zu Frage 43.

in sehr geringem Maße — in sehr hohem Maße

1	2	3	4	5	
○	○	○	○	○	Spezielles Fachwissen
○	○	○	○	○	Breites Grundlagenwissen
○	○	○	○	○	Kenntnisse wissenschaftlicher Methoden
○	○	○	○	○	Fachübergreifendes Denken
○	○	○	○	○	Erste Wirtschaftsfremdsprache
○	○	○	○	○	Wirtschaftsenglisch
○	○	○	○	○	Dritte Wirtschaftsfremdsprache
○	○	○	○	○	Kenntnisse in EDV
○	○	○	○	○	Schriftliche Ausdrucksfähigkeit
○	○	○	○	○	Mündliche Ausdrucksfähigkeit
○	○	○	○	○	Führungsqualitäten
○	○	○	○	○	Organisationsfähigkeit
○	○	○	○	○	Verhandlungsgeschick
○	○	○	○	○	Kooperationsfähigkeit
○	○	○	○	○	Zeitmanagement
○	○	○	○	○	Kenntnisse auf dem Fachgebiet der interkulturellen Kommunikation
○	○	○	○	○	Betriebswirtschaftliche Kenntnisse
○	○	○	○	○	Volkswirtschaftliche Kenntnisse
○	○	○	○	○	Rechtskenntnisse
○	○	○	○	○	Fähigkeit, sich in neue Fachgebiete einzuarbeiten
○	○	○	○	○	Fähigkeit, Wissenslücken zu schließen
○	○	○	○	○	Fähigkeit, Verantwortung zu übernehmen
○	○	○	○	○	Konfliktmanagement
○	○	○	○	○	Problemlösungsfähigkeit
○	○	○	○	○	Analytische Fähigkeiten
○	○	○	○	○	Selbstständiges Arbeiten
○	○	○	○	○	Kreativität
○	○	○	○	○	Andere Kulturen kennen und verstehen

Zurück　　Weiter

Elisa Wiesbaum und Jens Weyhe, **Matrikel 2006**, Fakultät Sprachen, **Westsächsische Hochschule Zwickau**

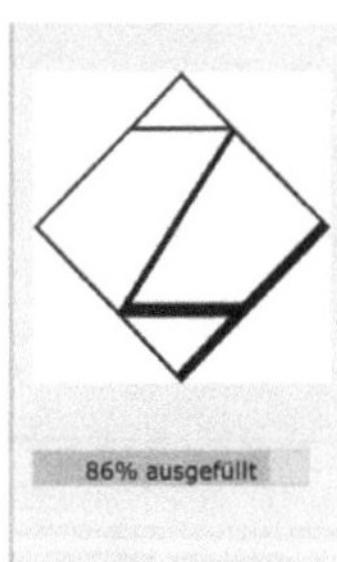

86% ausgefüllt

EINSCHÄTZUNGEN DER BERUFLICHEN SITUATION

41. Würden Sie sagen, dass Sie entsprechend Ihrer Hochschulqualifikation beschäftigt sind bzw. waren?

Bitte berücksichtigen Sie bei Ihrer Beurteilung alle Aspekte, die Ihnen dabei wichtig erscheinen, z.B. die Zugangsvoraussetzungen zu einem Beruf, die Chance zur Verwendung von Qualifikationen, die berufliche und soziale Position, die weiteren beruflichen Entwicklungsperspektiven usw.

1	2	3	4	5
○	○	○	○	○
Trifft auf keinen Fall zu.				Trifft auf jeden Fall zu.

42. Wie zufrieden sind bzw. waren Sie mit Ihrer derzeitigen bzw. zuletzt ausgeübten Beschäftigung?

Bitte kreuzen Sie jede Zeile an.

sehr unzufrieden — sehr zufrieden

1	2	3	4	5	
○	○	○	○	○	Tätigkeitsinhalte
○	○	○	○	○	Berufliche Position
○	○	○	○	○	Verdienst / Einkommen
○	○	○	○	○	Aufstiegsmöglichkeiten / Karrierechancen
○	○	○	○	○	Arbeitsbedingungen
○	○	○	○	○	Möglichkeit, eigene Ideen einzubringen
○	○	○	○	○	Eigene Arbeitsgestaltung
○	○	○	○	○	Fort- und Weiterbildungsmöglichkeiten
○	○	○	○	○	Arbeitsplatzsicherheit
○	○	○	○	○	Arbeits- und Betriebsklima
○	○	○	○	○	Vereinbarkeit von Beruf und Familie
○	○	○	○	○	Raum für Privatleben
○	○	○	○	○	Gegend / Stadt zum Leben

Zurück Weiter

Elisa Wiesbaum und Jens Weyhe, **Matrikel 2006**, Fakultät Sprachen, **Westsächsische Hochschule Zwickau**

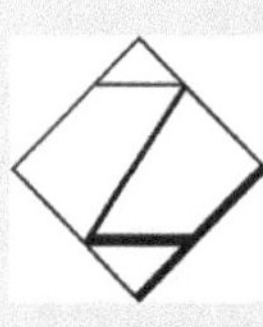

93% ausgefüllt

ANGABEN ZUR PERSON

43. Ihr Geschlecht?

[Bitte auswählen]

44. Ihr Geburtsjahr?

WEITERE KOMMENTARE ZUM STUDIUM

45. Welche Verbindungen haben Sie zur Westsächsischen Hochschule Zwickau und wie sollte Ihrer Meinung nach der Kontakt zwischen der Hochschule und ihren Absolventen gestaltet sein?

	vorhanden	gewünscht	nicht gewünscht
Newsletter	○	○	○
Absolvententreffen	○	○	○
Gründung / Förderung einer Vereinigung der Absolventen	○	○	○
Fachliche Kooperation in Projekten	○	○	○
Hilfe bei aktuellen Problemstellungen	○	○	○
Sonstiges:	○	○	○

46. Möglicherweise ist in unserem Fragebogen nicht alles zur Sprache gekommen, was Sie in Zusammenhang mit unserer Befragung beschäftigt. Wenn Sie noch etwas für wichtig halten, dann können Sie hier gern darüber berichten. Zusätzliche Bemerkungen, Anregungen und Wünsche sind uns sehr willkommen. An dieser Stelle können Sie auch Informationen zu Fragen geben, die im Fragebogen keinen Platz hatten.

Zurück Weiter

Elisa Wiesbaum und Jens Weyhe, **Matrikel 2006**, Fakultät Sprachen, **Westsächsische Hochschule Zwickau**

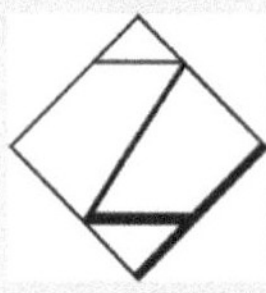

Danke für Ihre Teilnahme!

Wir danken Ihnen sehr für Ihre Mitarbeit und die damit verbundene Mühe, die Sie sich beim Ausfüllen dieses Fragebogens gemacht haben.

Nach der Auswertung der Untersuchung werden wir Sie per E-Mail zusammenfassend über die Ergebnisse informieren. Für Rückfragen zum Projekt stehen wir Ihnen gerne zur Verfügung.

Fenster schließen

Elisa Wiesbaum und Jens Weyhe, **Matrikel 2006**, Fakultät Sprachen, **Westsächsische Hochschule Zwickau**

Anschreiben an die Absolventen zur Information über die Befragung

Sehr geehrte Absolventen,

wir bitten Sie, im Rahmen unserer Diplomarbeiten an einer Befragung mitzuwirken, die sich an alle Absolventen der Fachrichtungen Wirtschaftsfrankoromanistik, Wirtschaftshispanistik und Wirtschaftssinologie der Westsächsischen Hochschule Zwickau richtet, die in den Jahren 2000, 2001, 2002, 2003, 2004 und 2005 ihr Studium aufgenommen haben. Mithilfe Ihrer wichtigen Unterstützung und dieser Untersuchung soll erstmals ein umfassendes Bild über Studium, Beschäftigungssituation, Tätigkeit und Berufsverlauf der Absolventen der Fachrichtungen Wirtschaftsfrankoromanistik, Wirtschaftshispanistik und Wirtschaftssinologie der Westsächsischen Hochschule Zwickau gewonnen werden.

Die Westsächsische Hochschule Zwickau – und damit auch ihre Fakultät Sprachen – spürt bereits heute mehr denn je den wachsenden Wettbewerbsdruck in der deutschen Hochschullandschaft. Im Kampf um Studierende und finanzielle Mittel gewinnen leistungsorientiertes Arbeiten und ein geschärftes Profil des Studienangebots in der akademischen Ausbildung an Bedeutung. Die Fakultät Sprachen ist deshalb sehr daran interessiert, Ihre persönlichen Sichtweisen und Erfahrungen aus Studium und Berufsleben kennenzulernen, um daraus Anhaltspunkte für die Stärken und Schwächen ihres Studienprogramms und der Studienbedingungen an der Westsächsischen Hochschule Zwickau zu erhalten und um sie in ihren künftigen Planungen zu berücksichtigen. Dabei ist sie auf Ihre Hilfe angewiesen.

Wir versichern Ihnen, dass Ihre Antworten in diesem Fragebogen nur im Rahmen dieser Studie Verwendung finden. Aus der Darstellung der Untersuchungsergebnisse sind keine Rückschlüsse auf einzelne Personen möglich. Ihre Angaben werden unter Beachtung von Datenschutzgrundsätzen streng vertraulich behandelt.

Die Onlinebefragung finden Sie unter folgendem Link:

https://www.soscisurvey.de/absolventenstudie/?password=whz

Die Befragung ist von heute, 07.12.2010, bis Dienstag, 21.12.2010, freigeschaltet. Sollten Sie Fragen zu der Untersuchung haben, können Sie sich gerne jederzeit an uns wenden

Vielen Dank für Ihre Unterstützung

Jens Weyhe und Elisa Wiesbaum

Diplomanden im Studiengang Wirtschaftshispanistik, Matrikel 2006

Deskriptive Statistik
Anzahl der auswertbaren Datensätze nach Jahrgang und Studiengang

Jahrgang	Anzahl aller Absolventen	Anzahl der erreichten Absolventen	Anzahl der auswertbaren Datensätze	
	n	n	n	%
2000	43	41	16	39,0
Wirtschafts-frankoromanistik	17	15	4	26,7
Wirtschafts-hispanistik	13	13	7	53,8
Wirtschafts-sinologie	13	13	5	38,5
2001	45	43	21	48,8
Wirtschafts-frankoromanistik	13	13	8	61,5
Wirtschafts-hispanistik	16	15	7	46,7
Wirtschafts-sinologie	16	15	6	40,0
2002	67	64	37	57,8
Wirtschafts-frankoromanistik	22	21	13	61,9
Wirtschafts-hispanistik	25	24	12	50,0
Wirtschafts-sinologie	20	19	12	63,2
2003	50	50	29	58,0
Wirtschafts-frankoromanistik	20	20	13	65,0
Wirtschafts-hispanistik	13	13	7	53,8
Wirtschafts-sinologie	17	17	9	52,9
2004	66	68	43	63,2
Wirtschafts-frankoromanistik	21	21	13	61,9
Wirtschafts-hispanistik	25	25	16	64,0
Wirtschafts-sinologie	20	22	14	63,6
2005	48	33	18	54,5
Wirtschafts-frankoromanistik	18	10	6	60,0
Wirtschafts-hispanistik	14	7	3	42,9
Wirtschafts-sinologie	16	16	9	56,3
Σ	319	299	164	54,8

Hochschulzugangsberechtigung

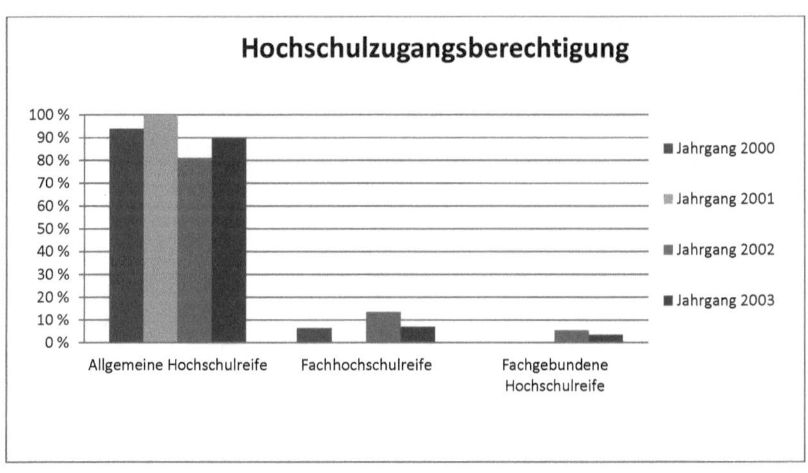

Abbildung: Art der Hochschulzugangsberechtigung (in %)

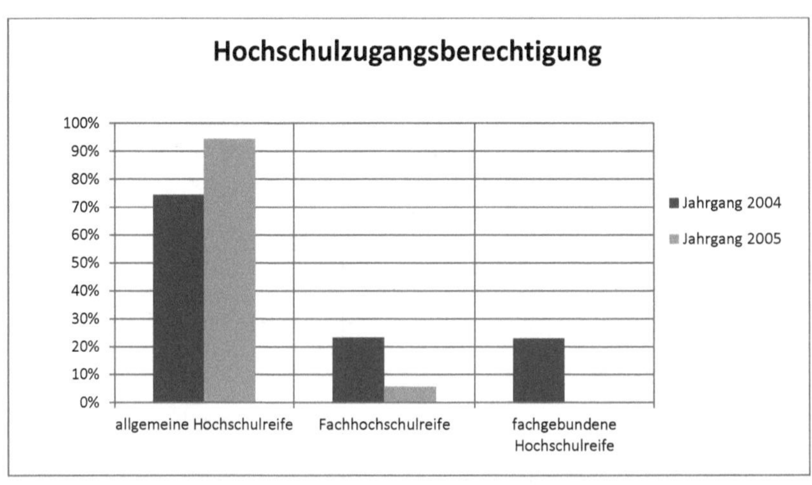

Abbildung: Art der Hochschulzugangsberechtigung (in %)

Vorhergehende berufliche Ausbildung

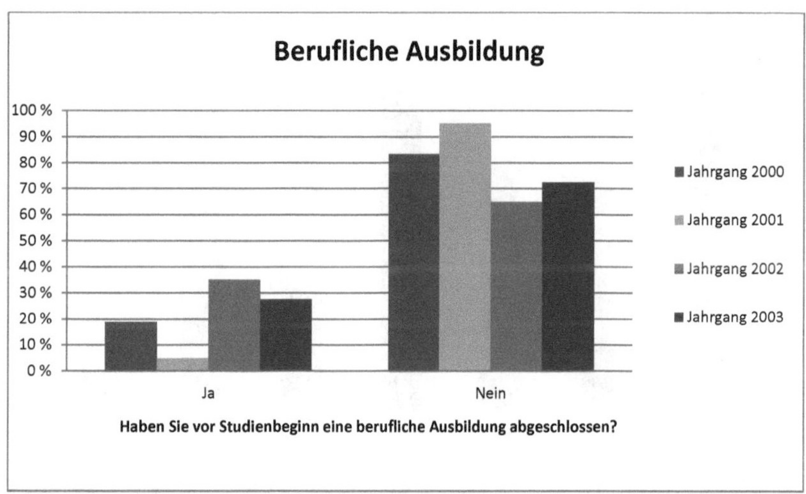

Abbildung: Abschluss einer beruflichen Ausbildung vor Studienbeginn (2000-2003; in %)

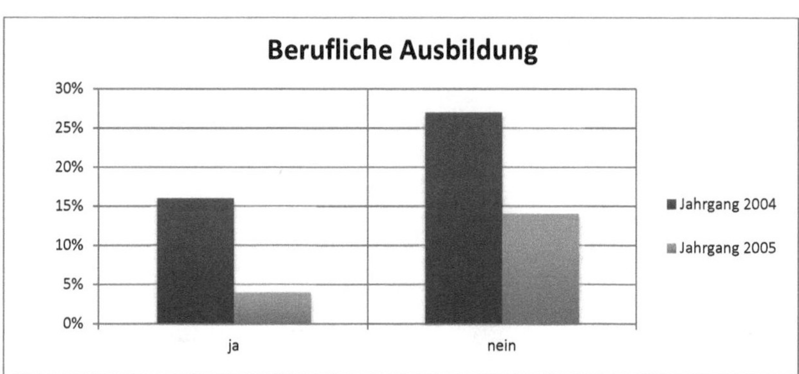

Abbildung: Abschluss einer beruflichen Ausbildung vor Studienbeginn (2004/ 2005; in %)

Nutzen des Auslandsstudiums

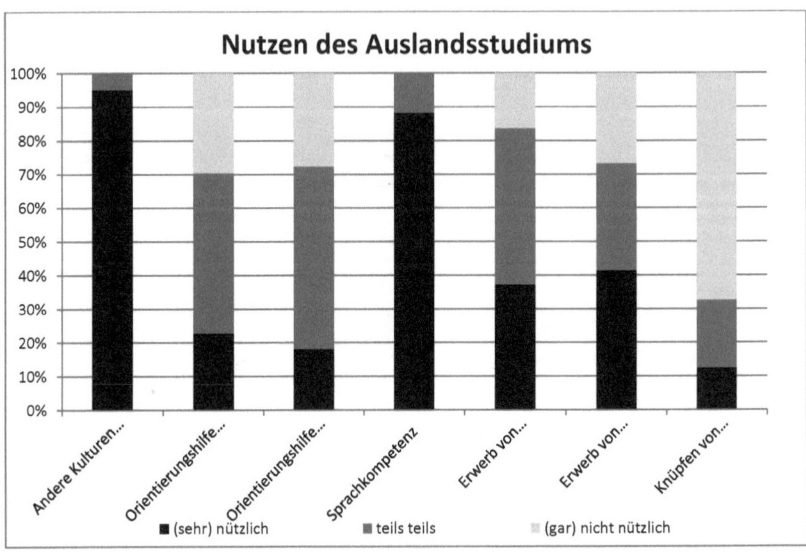

Abbildung: Einschätzung des Nutzens des obligatorischen Auslandsstudiensemesters der Jahrgänge 2000-2003 (in %)

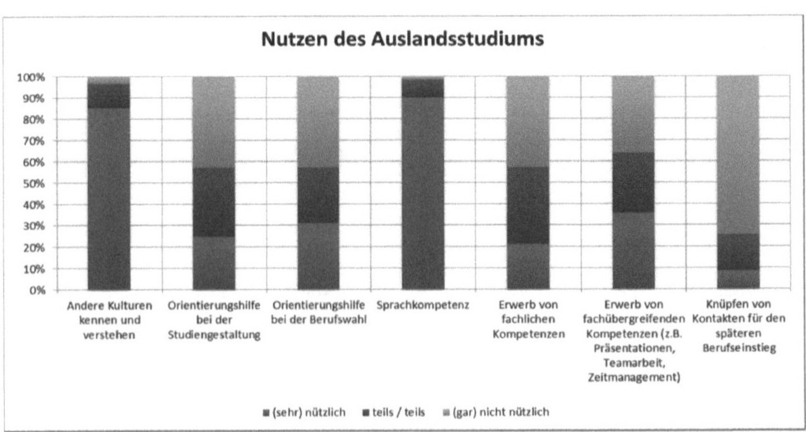

Abbildung: Einschätzung des Nutzens des obligatorischen Auslandsstudiensemesters der Jahrgänge 2004 und 2005 (in %)

Nutzen des Auslandspraktikums

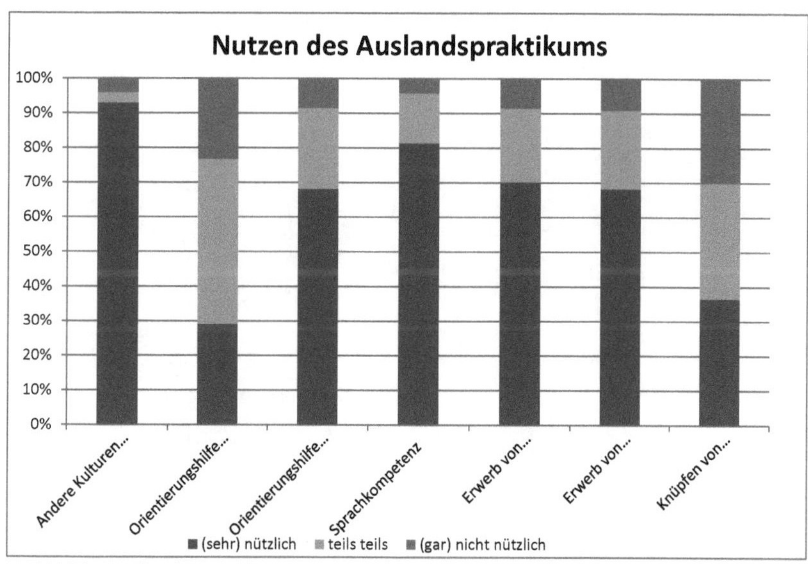

Abbildung: Einschätzung des Nutzens des obligatorischen Auslandspraktikums der Jahrgänge 2000-2003 (in %)

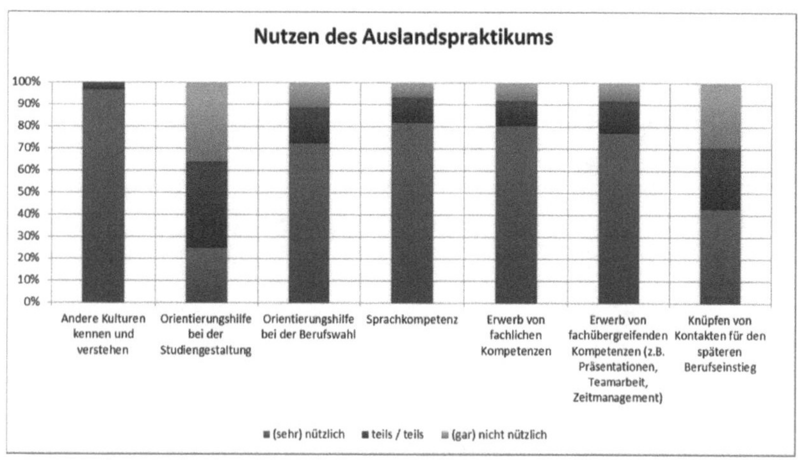

Abbildung: Einschätzung des Nutzens des obligatorischen Auslandspraktikums der Jahrgänge 2004 und 2005 (in %)

Abschlussnoten

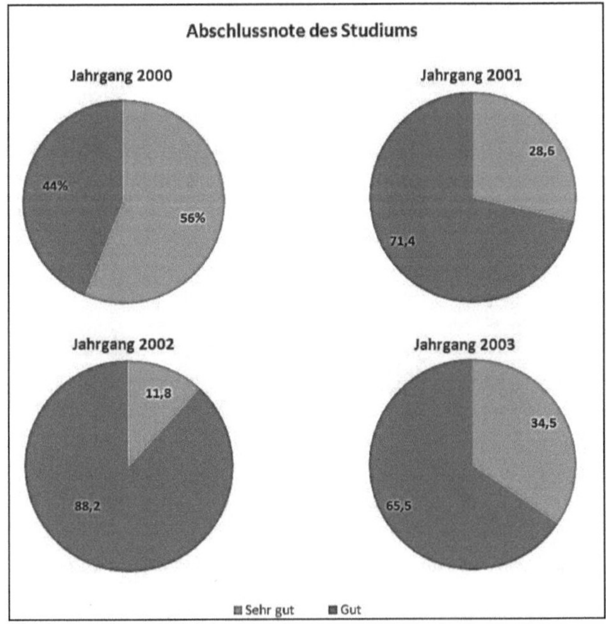

Abbildung: Abschlussnote des Studiums (2000-2003; in %)

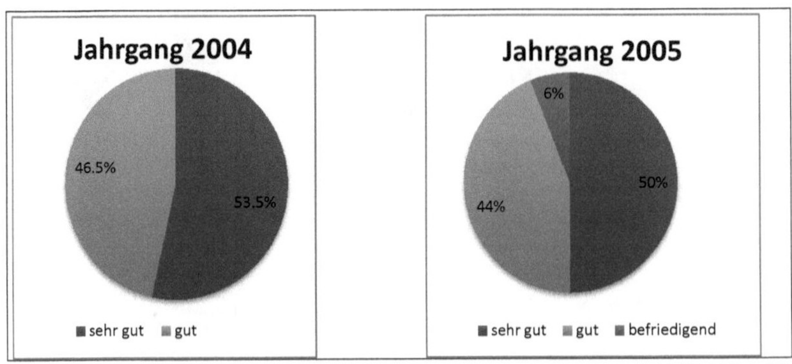

Abbildung: Abschlussnote des Studiums (2004/ 2005; in %)

Tätigkeitsverlauf

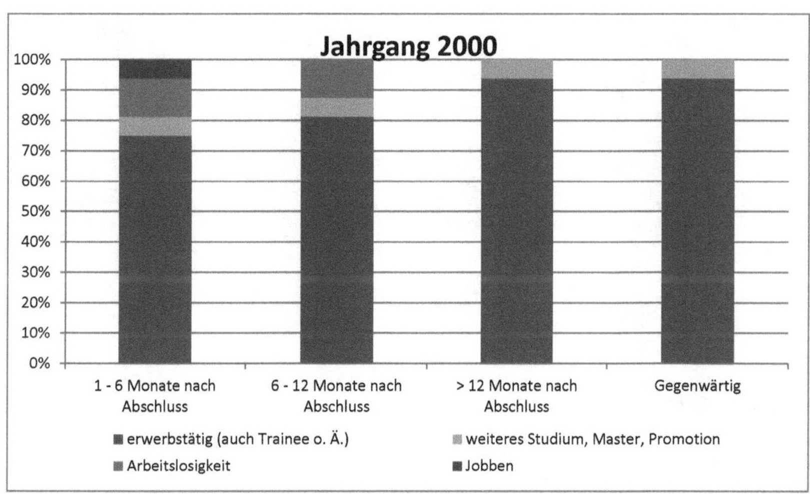

Abbildung: Tätigkeitsverlauf der Absolventen des Jahrgangs 2000 (in %)

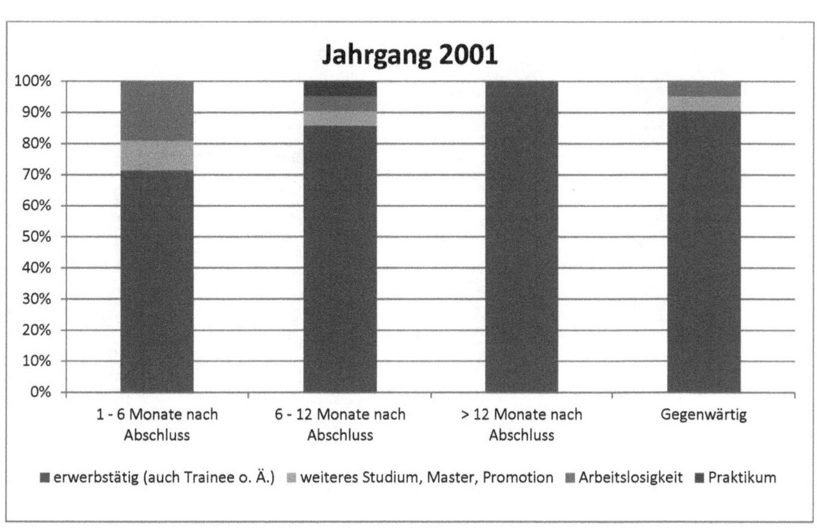

Abbildung: Tätigkeitsverlauf der Absolventen des Jahrgangs 2001 (in %)

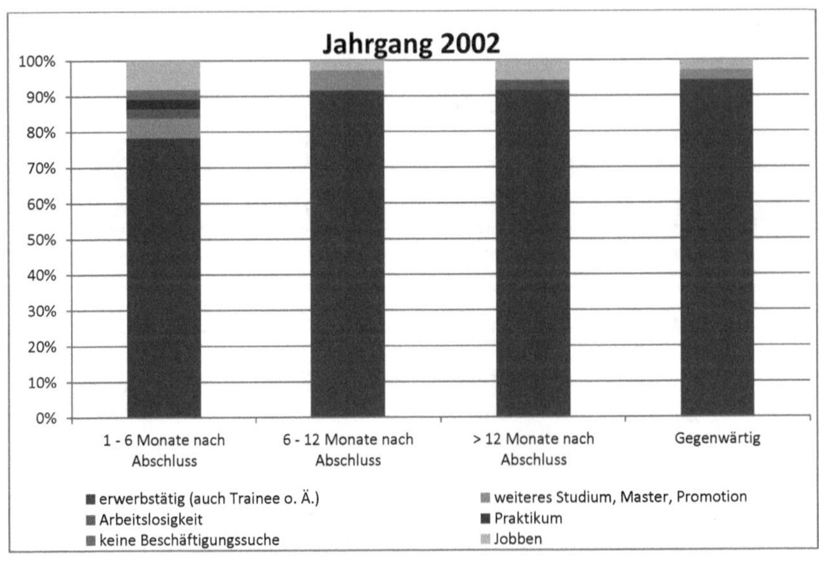

Abbildung: Tätigkeitsverlauf der Absolventen des Jahrgangs 2002 (in %)

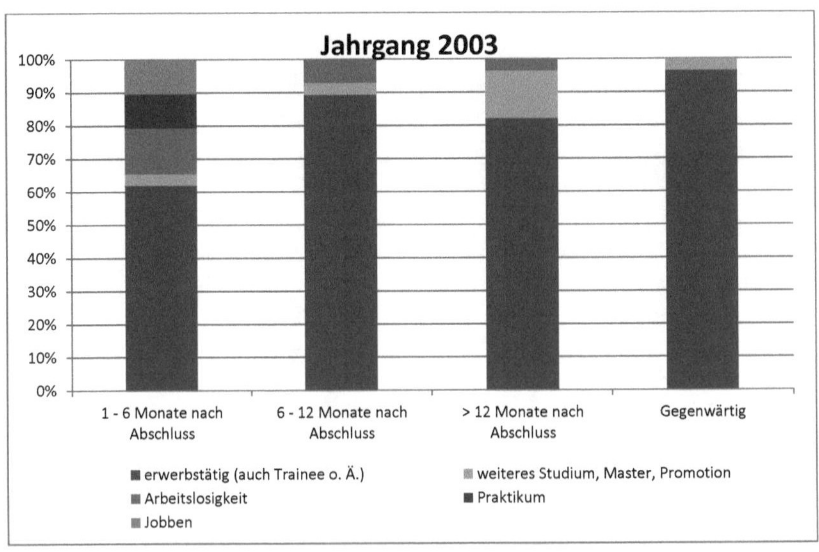

Abbildung: Tätigkeitsverlauf der Absolventen des Jahrgangs 2003 (in %)

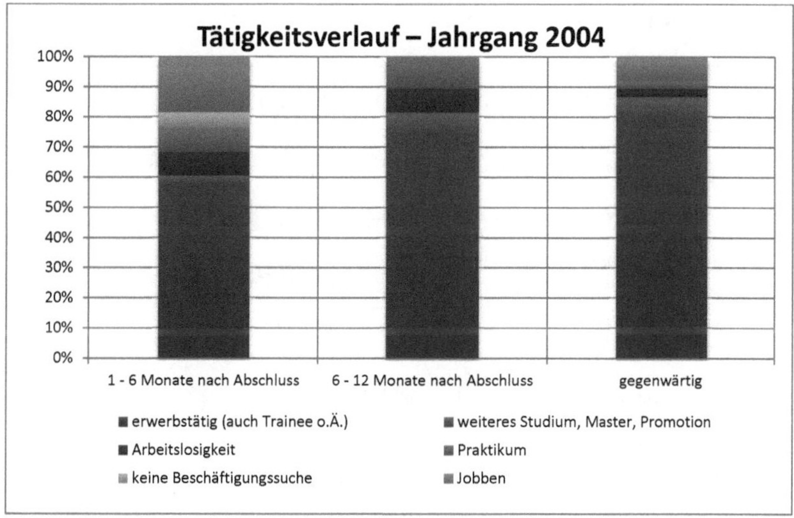

Abbildung: Tätigkeitsverlauf der Absolventen des Jahrgangs 2004 (in %)

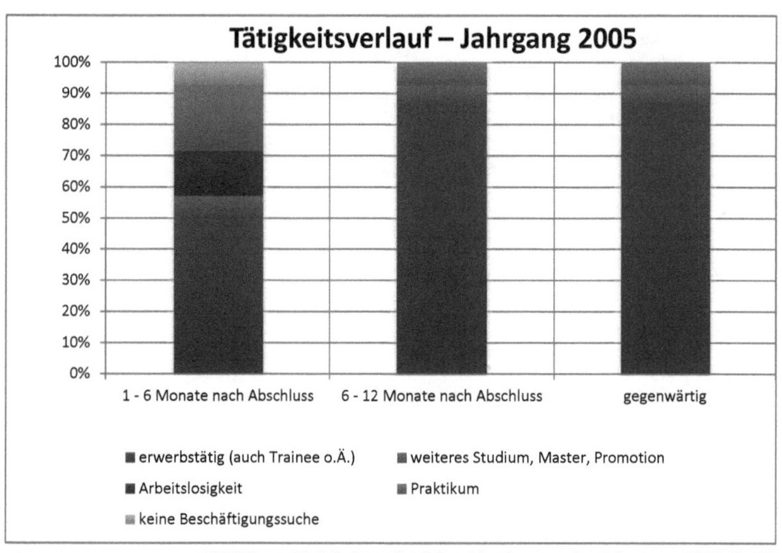

Abbildung: Tätigkeitsverlauf der Absolventen des Jahrgangs 2005 (in %)

Schwierigkeiten bei der Stellensuche

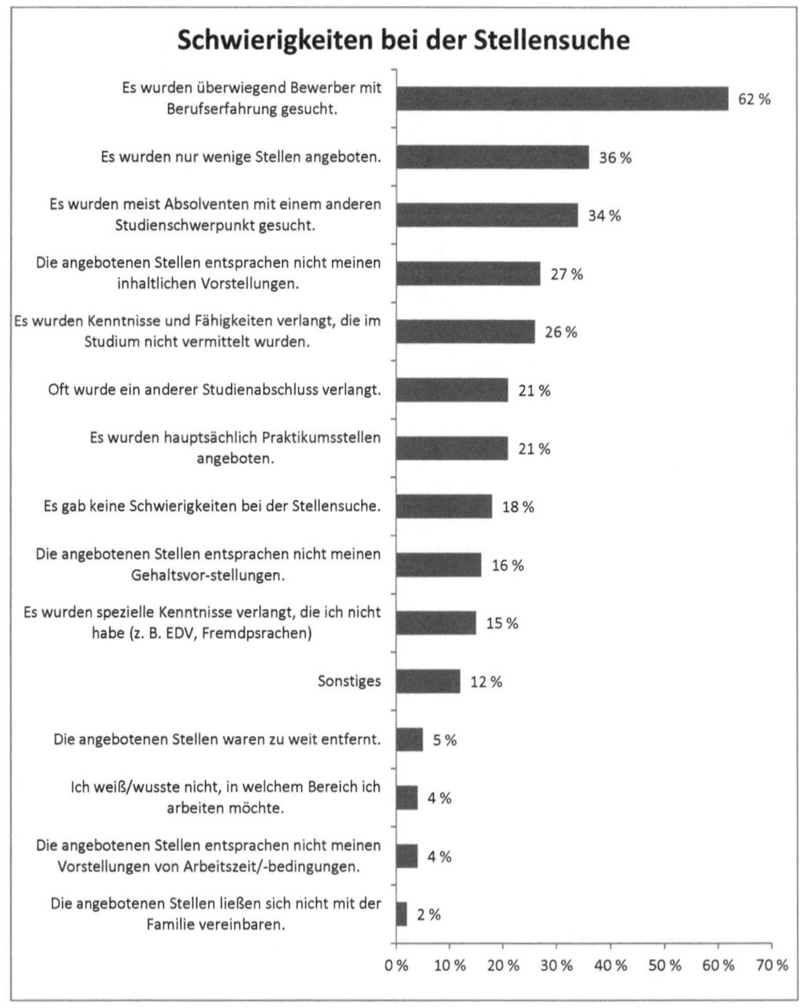

Abbildung: Schwierigkeiten der Jahrgänge 2000-20003 bei der Stellensuche (in %)

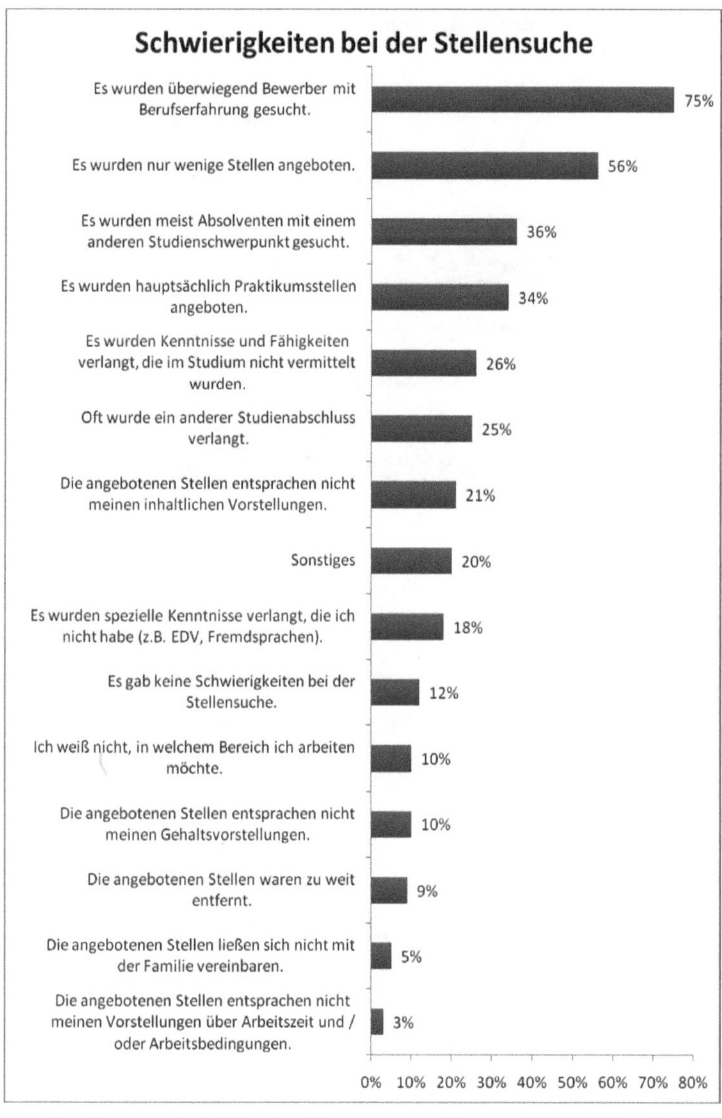

Abbildung: Schwierigkeiten der Absolventen der Jahrgänge 2004/ 2005 bei der Stellensuche (in %) – Mehrfachnennungen möglich

Einschätzung der Gründe für die Stellenbesetzung

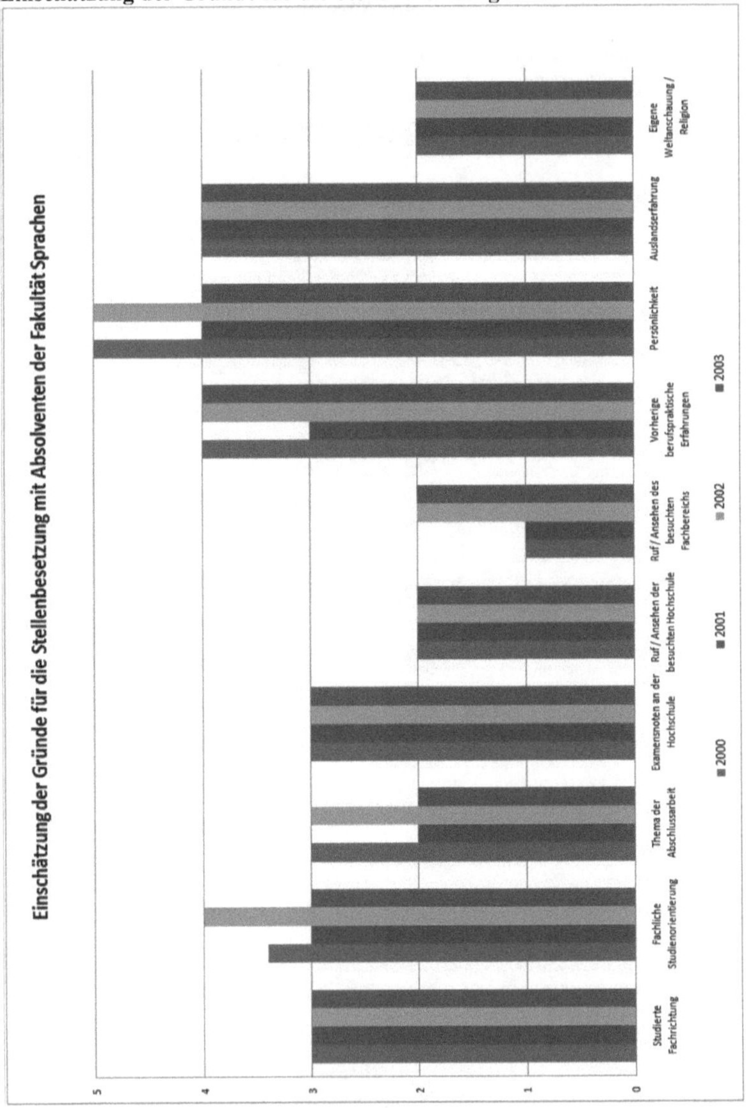

Abbildung: Einschätzung der Gründe für die Stellenbesetzung mit Absolventen der Fakultät Sprachen (Jahrgänge 2000-2003) - Mittelwert, 1 = völlig unwichtig, 5 = sehr wichtig

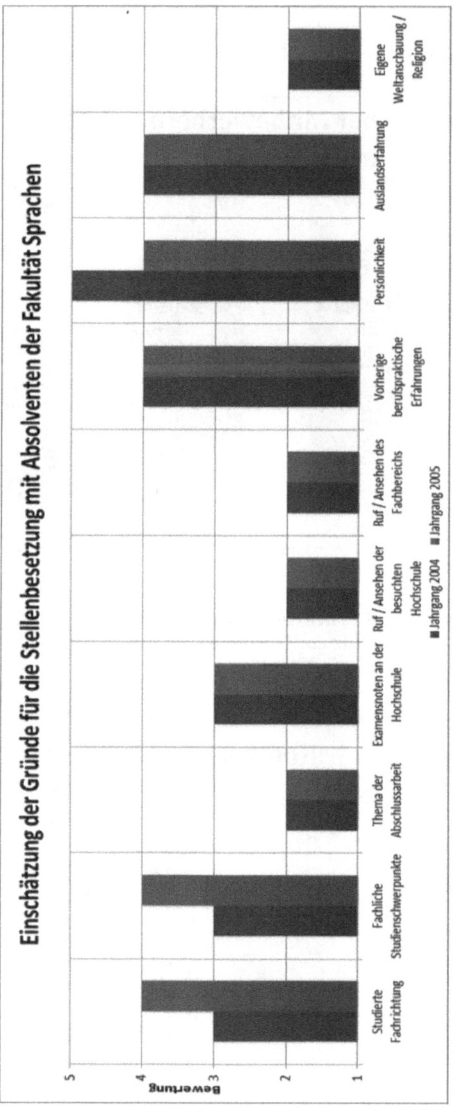

Abbildung: Einschätzung der Gründe der Stellenbesetzung mit Absolventen der Fakultät Sprachen (Jahrgänge 2004/ 2005) – Mittelwert, 1 = völlig unwichtig, 5 = sehr wichtig

Vorteile gegenüber Mitbewerbern

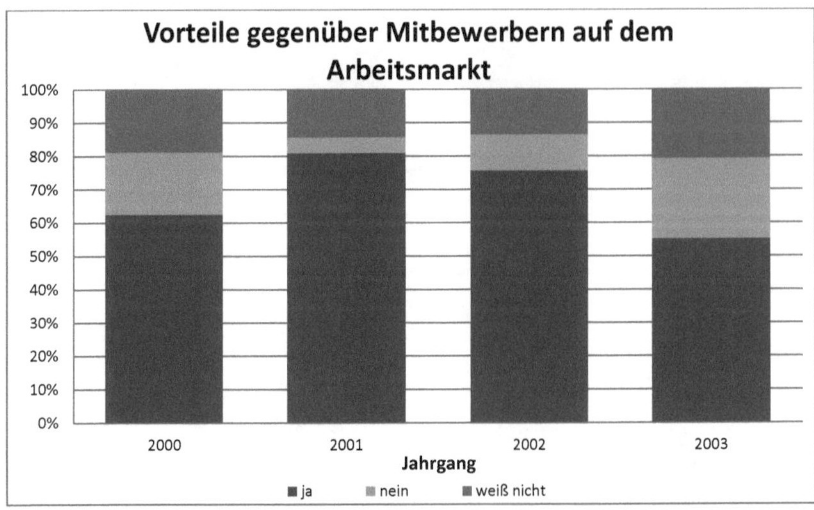

Abbildung: Vorteile auf dem Arbeitsmarkt durch das internationale Profil des Studiengangs aus Sicht der Absolventen der Jahrgänge 2000-2003 (in %)

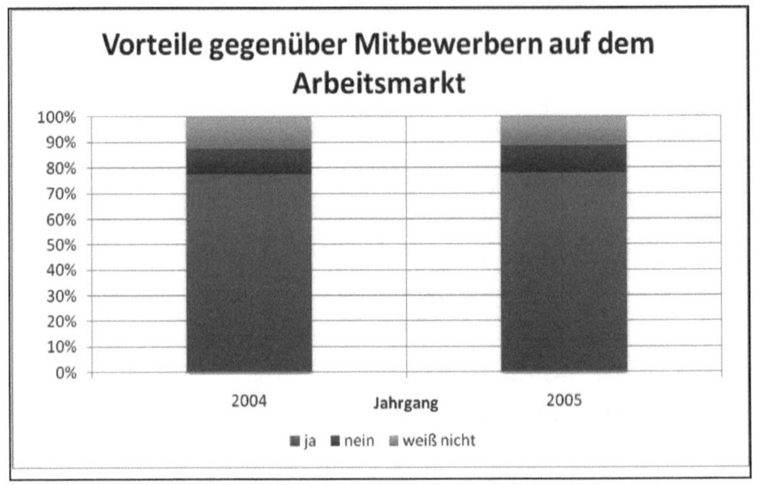

Abbildung : Vorteile auf dem Arbeitsmarkt durch das internationale Profil des Studiengangs aus Sicht der Absolventen der Jahrgänge 2004/2005 (in %)

Internationales Umfeld

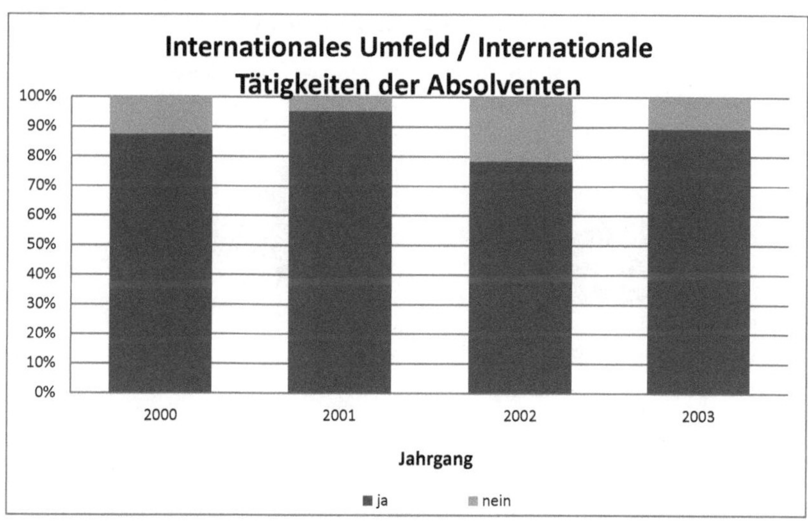

Abbildung: Internationales Umfeld / Internationale Tätigkeiten, Jahrgänge 2000-2003 (in %)

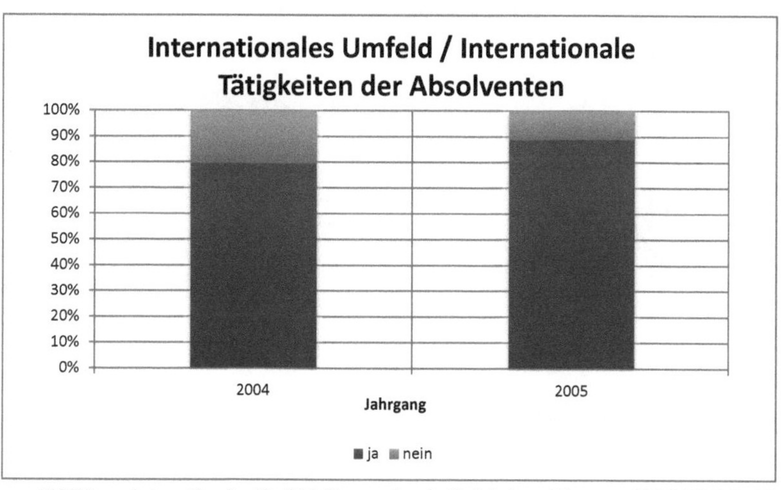

Abbildung: Internationales Umfeld / Internationale Tätigkeiten, Jahrgänge 2004/ 2005 (in %)

Berufliche Stellung

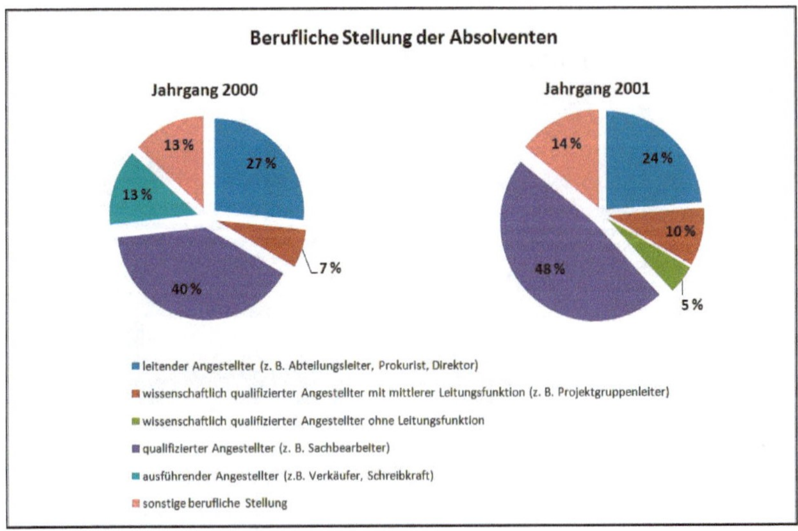

Abbildung: Berufliche Stellung (Jahrgänge 2000 und 2001; in %)

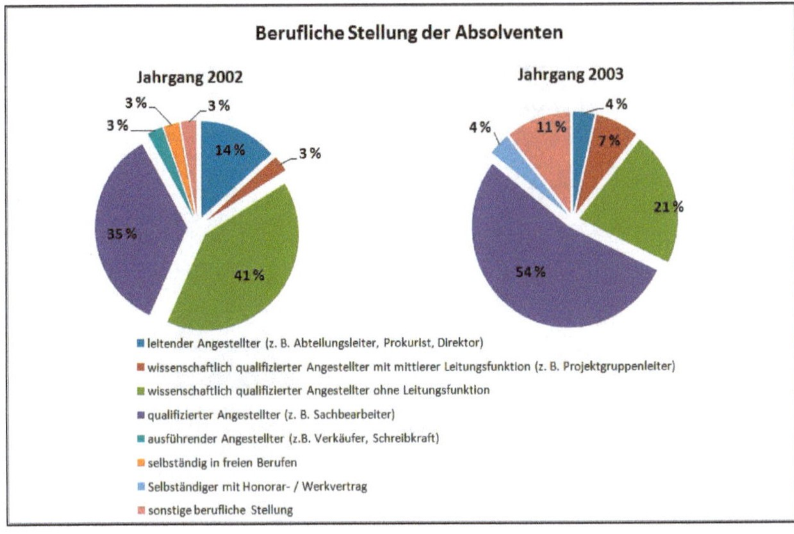

Abbildung: Berufliche Stellung (Jahrgänge 2002 und 2003; in %)

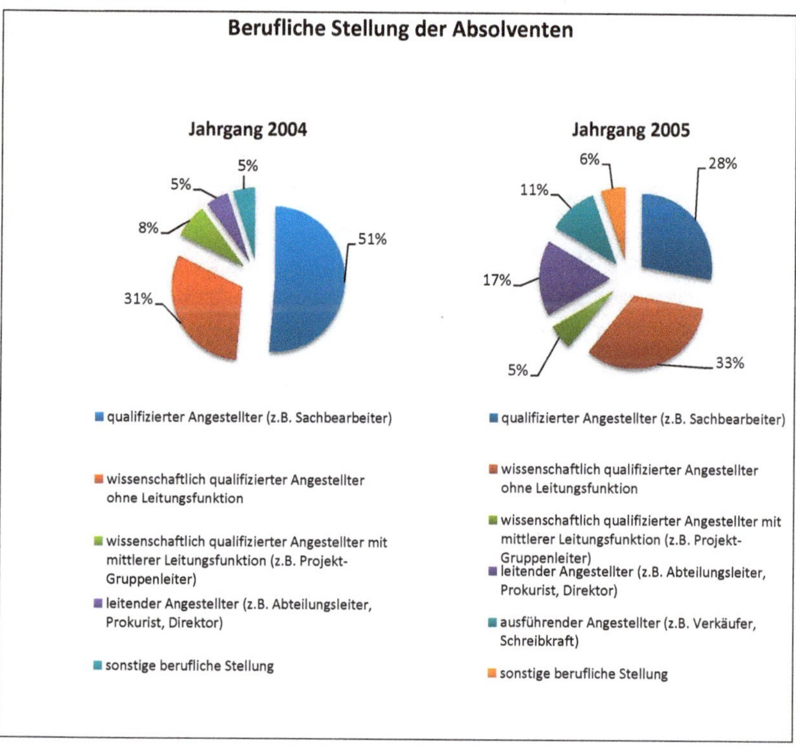

Abbildung: Berufliche Stellung (Jahrgänge 2004/ 2005; in %)

Regionale Erwerbstätigkeit

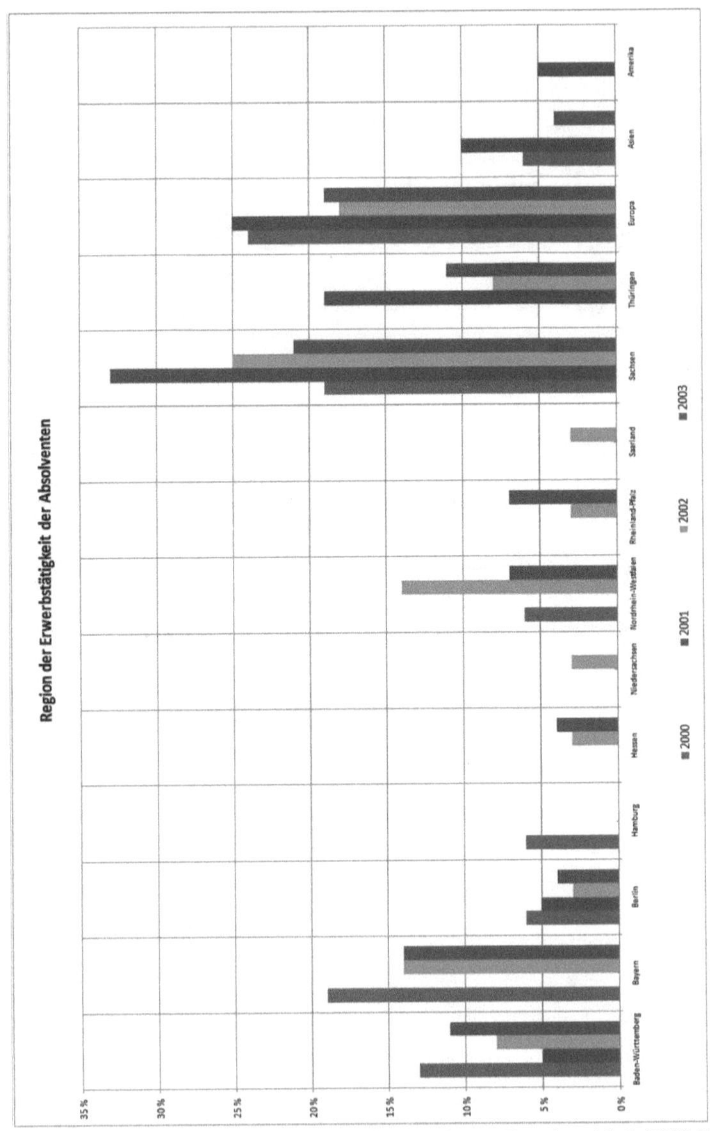

Abbildung: Region der aktuellen bzw. letzten Erwerbstätigkeit (2000-2003; in %)

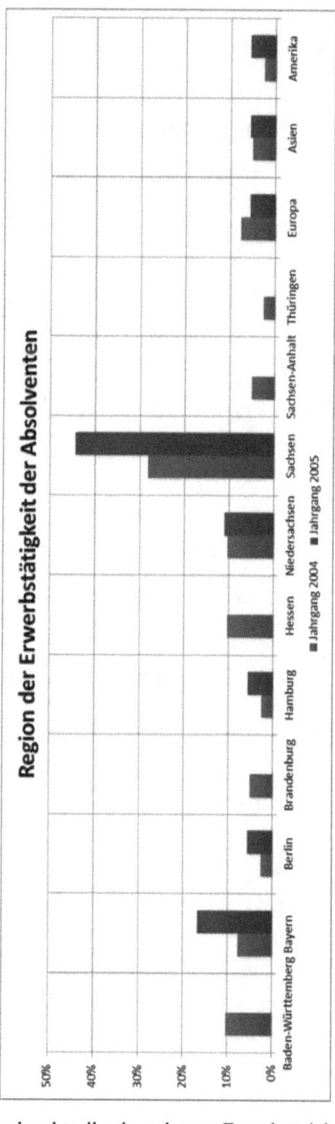

Abbildung: Region der aktuellen bzw. letzten Erwerbstätigkeit (2004/ 2005; in %)

Monatliches Bruttoeinkommen

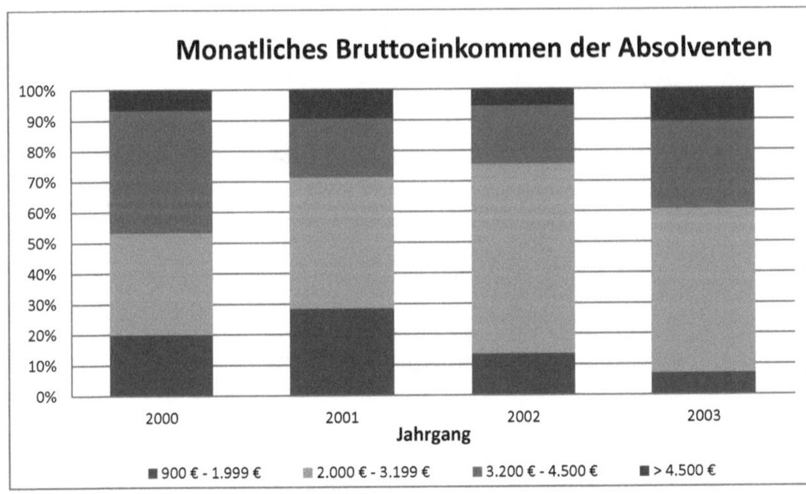

Abbildung: Monatliches Bruttoeinkommen (2000-2003; in %)

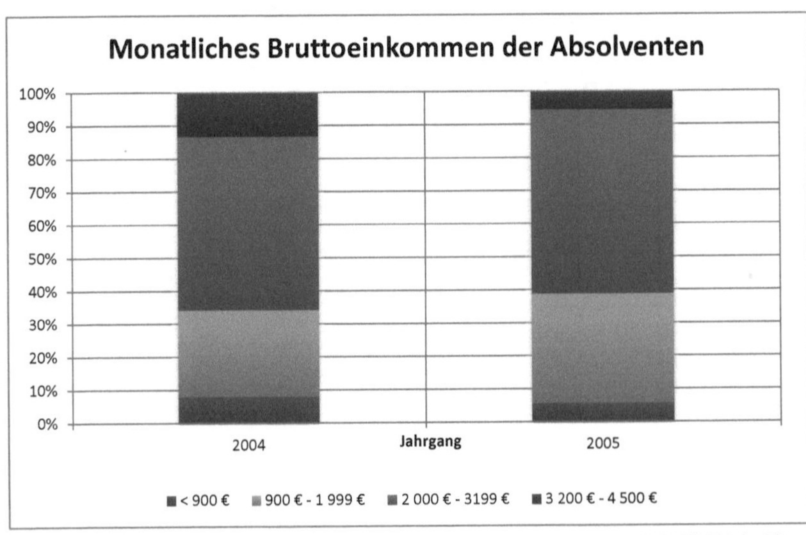

Abbildung: Monatliches Bruttoeinkommen (2004/2005; in %)

Kompetenzen der Absolventen

	2000	2001	2002
	1 2 3 4 5	1 2 3 4 5	1 2 3 4 5

spezielles Fachwissen
breites Grundlagenwissen
Kenntnisse wissenschaftlicher Methoden
Fachübergreifendes Denken
Erste Wirtschaftsfremdsprache
Wirtschaftsenglisch
Dritte Wirtschaftsfremdsprache
Kenntnisse in EDV
Schriftliche Ausdrucksfähigkeit
Mündliche Ausdrucksfähigkeit
Führungsqualitäten
Organisationsfähigkeit
Verhandlungsgeschick
Kooperationsfähigkeit
Zeitmanagement
Kenntnisse interkultureller Kommunikation
Betriebswirtschaftliche Kenntnisse
Volkswirtschaftliche Kenntnisse
Rechtskenntnisse
Einarbeitung in neue Fachgebiete
Wissenslücken schließen
Verantwortung übernehmen
Konfliktmanagement
Problemlösungsfähigkeit
Analytische Fähigkeiten
Selbständiges Arbeiten
Kreativität
Andere Kulturen kennen und verstehen

Studium Beruf

Abbildung: Kompetenzen bei Studienabschluss und im Berufsleben (2000- 2002)

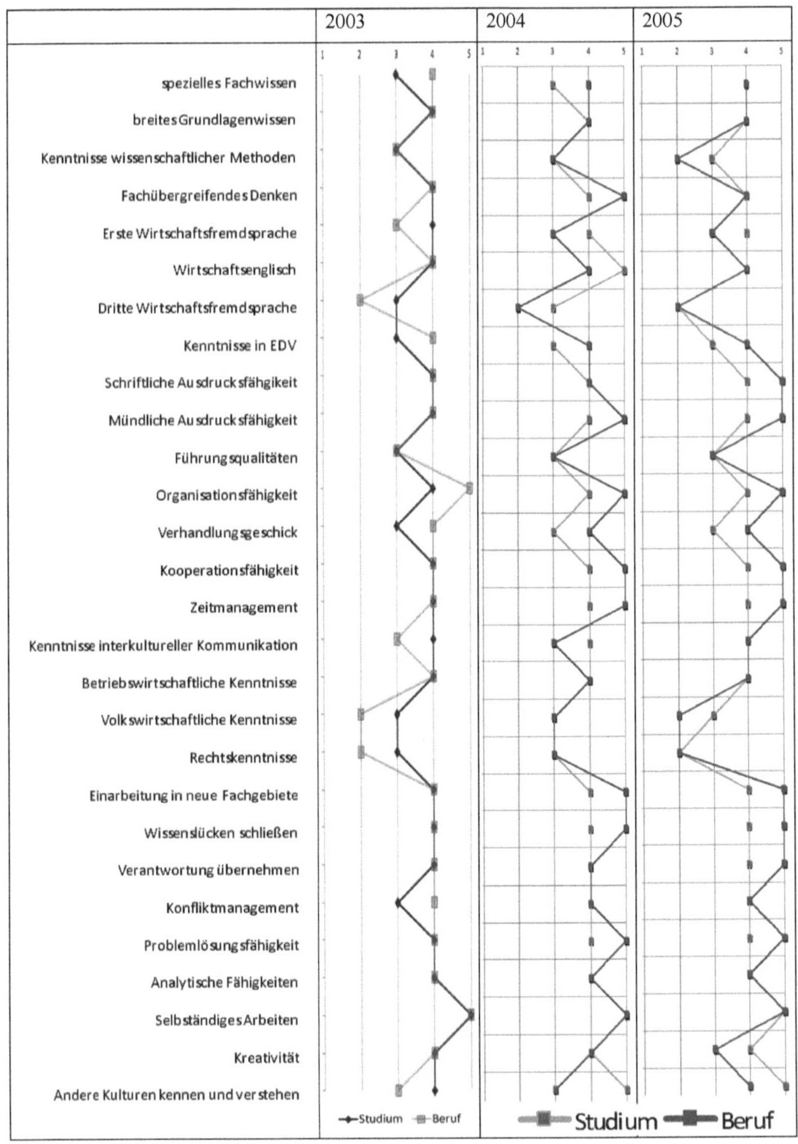

Abbildung: Kompetenzen bei Studienabschluss und im Berufsleben (2003–2005)

Adäquanz der Beschäftigung

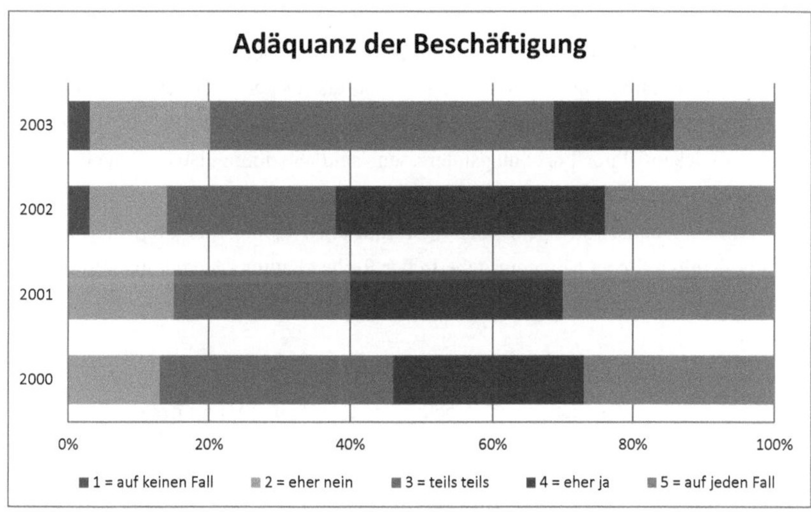

Abbildung: Adäquanz der Beschäftigung (2000-2003; in %)

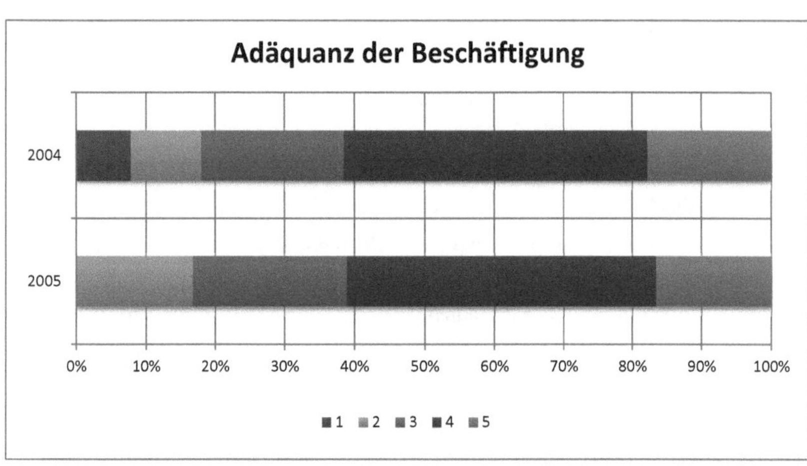

Abbildung: Adäquanz der aktuellen bzw. letzten Beschäftigung (2004/ 2005; in %)
Mittelwert, 1 = auf keinen Fall, 5 = auf jeden Fall

Autorinnen und Autoren dieses Bandes

Gabriele Berkenbusch, Prof. Dr. phil habil., ist Professorin für Romanische Sprachen mit dem Schwerpunkt Wirtschaftsspanisch und Dekanin an der Fakultät Angewandte Sprachen und Interkulturelle Kommunikation der Westsächsischen Hochschule Zwickau. Ihre Forschungsinteressen sind Soziolinguistik, Sprachwissenschaftsgeschichte, Konversationsanalyse, Übersetzungstheorie und Praxis, Semantische und pragmatische Aspekte der interkulturellen Kommunikation, Wirtschaftskommunikation. Sie ist Mitherausgeberin der Reihe „Kultur - Kommunikation – Kooperation" beim ibidem-Verlag.

Jens Weyhe, Diplom-Wirtschaftshispanist (FH) studierte von Oktober 2006 bis August 2011 an der Westsächsischen Hochschule Zwickau (FH) an der damaligen Fakultät Sprachen. Er belegte die Schwerpunktfächer Internationales Marketing und Unternehmensführung. Seinen studienimmanenten Auslandsaufenthalt absolvierte Weyhe im südspanischen Sevilla, wo er sowohl ein Semester studierte als auch ein 5-monatiges Praktikum bei einer City-Marketingagentur durchführte. Seine Diplomarbeit widmete sich der Absolventenstudie der Fakultät Sprachen, die zentraler Bestandteil dieses Bandes ist. Jens Weyhe arbeitet heute in der sächsischen Niederlassung eines international tätigen kanadischen Konzerns.

Elisa Wiesbaum, Diplom-Wirtschaftshispanistin (FH), studierte von Oktober 2006 bis Februar 2011 an der Westsächsischen Hochschule Zwickau an der damaligen Fakultät Sprachen und hat ihr Studium mit Auszeichnung abgeschlossen. Sie belegte die Schwerpunktfächer Internationales Marketing und Internationale Unternehmensführung / Controlling. Das Auslandsstudien- und -praxissemester verbrachte sie in Madrid, Spanien. Sie war im Rahmen ihrer Diplomarbeit maßgeblich an der Konzeption und Durchführung dieser Absolventenstudie beteiligt. Nach Studienabschluss nahm sie im März 2011 in Bayern ein Masterstudium im Personalmanagement auf. Derzeit verfasst sie ihre empirische Abschlussarbeit zum Thema Gender Diversity bei einem DAX 30-Unternehmen in Pullach bei München.

KULTUR – KOMMUNIKATION – KOOPERATION

herausgegeben von Gabriele Berkenbusch und Katharina von Helmolt

ISSN 1869-5884

1 *Gabriele Berkenbusch und Doris Weidemann (Hg.)*
Herausforderungen internationaler Mobilität
Auslandsaufenthalte im Kontext von Hochschule und Unternehmen
ISBN 978-3-8382-0026-2

2 *Vasco da Silva*
Critical Incidents in Spanien und Frankreich
Eine Evaluation studentischer Selbstanalysen
ISBN 978-3-8382-0036-1

3 *Gwendolin Lauterbach*
Zu Gast in China
Interkulturelles Lernen in chinesischen Gastfamilien:
Eine Längsschnittstudie über die Erfahrungen deutscher Gäste
ISBN 978-3-8382-0082-8

4 *Katharina Bertz*
Akkulturationsmodelle in der aktuellen Forschung
Metaanalyse neuester wissenschaftlicher Studien über Akkulturation
ISBN 978-3-8382-0126-9

5 *Sabine Emde*
Immigration und Schwierigkeiten im deutschen Alltag
Eine chinesische Migrantin in Deutschland
ISBN 978-3-8382-0101-6

6 *Andrea Richter*
Auslandsaufenthalte während des Studiums - Stationen, Bewältigungsstrategien und Auswirkungen
Eine qualitative Studie
ISBN 978-3-8382-0108-5

7 *Jessica Bielinski*
Bikulturelle Partnerschaften in Deutschland
Eine Studie über Diskriminierungen, Konflikte und Alltagserfahrungen
ISBN 978-3-8382-0299-0

8 *Gabriele Berkenbusch, Katharina von Helmolt, Vasco da Silva (Hg.)*
Migration und Mobilität aus der Perspektive von Frauen
ISBN 978-3-8382-0156-6

9 *Ann-Kathrin Hörl*
Interkulturelles Lernen von Schülern
Einfluss internationaler Schüler- und Jugendaustauschprogramme auf die persönliche Entwicklung und die Herausbildung interkultureller Kompetenz
ISBN 978-3-8382-0361-4

10 *Gwendolin Lauterbach*
Hierarchie in internationalen Hochschulkooperationen
Eine Studie zu deutsch-kirgisischer Projektarbeit
ISBN 978-3-8382-0392-8

11 *Gabriele Berkenbusch, Elisa Wiesbaum, Jens Weyhe*
Zwischen Hochschule und Arbeitsmarkt
Die Absolventenstudie der Fakultät Angewandte Sprachen und Interkulturelle Kommunikation der Westsächsischen Hochschule Zwickau
ISBN 978-3-8382-0351-5

Abonnement

Hiermit abonniere ich die Reihe **Kultur – Kommunikation – Kooperation (ISSN 1869-5884),** herausgegeben von Gabriele Berkenbusch und Katharina von Helmolt,

❐ ab Band # 1

❐ ab Band # ___

  ❐ Außerdem bestelle ich folgende der bereits erschienenen Bände:
  #___, ___, ___, ___, ___, ___, ___, ___, ___, ___, ___, ___

❐ ab der nächsten Neuerscheinung

  ❐ Außerdem bestelle ich folgende der bereits erschienenen Bände:
  #___, ___, ___, ___, ___, ___, ___, ___, ___, ___, ___, ___

❐ 1 Ausgabe pro Band ODER ❐ ___ Ausgaben pro Band

Bitte senden Sie meine Bücher zur versandkostenfreien Lieferung innerhalb Deutschlands an folgende Anschrift:

Vorname, Name: ______________________________

Straße, Hausnr.: ______________________________

PLZ, Ort: ______________________________

Tel. (für Rückfragen): ______________ *Datum, Unterschrift:* ______________

Zahlungsart

❐ *ich möchte per Rechnung zahlen*

❐ *ich möchte per Lastschrift zahlen*

bei Zahlung per Lastschrift bitte ausfüllen:

Kontoinhaber: ______________________________

Kreditinstitut: ______________________________

Kontonummer: ______________ Bankleitzahl: ______________

Hiermit ermächtige ich jederzeit widerruflich den *ibidem*-Verlag, die fälligen Zahlungen für mein Abonnement der Reihe **Kultur – Kommunikation – Kooperation** von meinem oben genannten Konto per Lastschrift abzubuchen.

Datum, Unterschrift: ______________________________

Abonnementformular entweder **per Fax** senden an: **0511 / 262 2201** oder 0711 / 800 1889
oder als **Brief** an: *ibidem*-Verlag, Julius-Leber Weg 11, 30457 Hannover oder
als **e-mail** an: **ibidem@ibidem-verlag.de**

***ibidem*-Verlag**

Melchiorstr. 15

D-70439 Stuttgart

info@ibidem-verlag.de

www.ibidem-verlag.de
www.ibidem.eu
www.edition-noema.de
www.autorenbetreuung.de

Zeitfracht Medien GmbH
Ferdinand-Jühlke-Straße 7
99095 Erfurt, Deutschland
produktsicherheit@kolibri360.de